CHRISTOPH WREMBEK SJ
JUDAS, DER FREUND

Christoph Wrembek SJ

Judas, der Freund

Du, der du Judas trägst
nach Hause,
trage auch mich

VERLAG NEUE STADT
MÜNCHEN · ZÜRICH · WIEN

> Imprimi potest
> 24. März 2017
> P. Stefan Kiechle SJ
> Provinzial

»Mehr Bäume, weniger CO_2«. Weil jeder Beitrag zählt.

2024, 8. Auflage
© Alle Rechte bei Verlag Neue Stadt GmbH, München
Umschlaggestaltung und Satz: Neue-Stadt-Grafik unter Verwendung eines Fotos von © Jean-Claude Gadreau, Vézelay (vgl. auch S. 156f);
Foto S. 17 oben: Cancre – eigenes Werk, https://commons.wikimedia.org/w/index.php?curid=10176018; S. 148: Johannes Wrembek.
Druck und Bindung: CPI books GmbH, Leck
ISBN 978-3-7346-1131-5

www.neuestadt.com

Inhalt

Ein Wort vorab an die Leserinnen und Leser   7

Einführung   9

Jesus und die sechsfach wiederverheiratet
Geschiedene 19

Im Hades – oder:
Wie durch Feuer hindurch 51

Jesu Gleichnisse von den drei Verlorenen 79

Exkurs: Das eigene Leben ordnen 101

Gott schenkt sein Heil 119

Judas, der Freund 127

Das Geheimnis des Guten Hirten von Vézelay 149

Danksagung 158
Literatur 158

Ein Wort vorab
an die Leserinnen und Leser

Das vorliegende Buch hält mehr bereit, als zunächst vermutet werden mag. Schon der Untertitel könnte Verwunderung auslösen: „Du, der du Judas trägst nach Hause, trage auch mich …"?

Judas? Den Sohn des Verderbens nach Hause tragen?

An der Person des Judas, über den uns – außer den dramatischen Ereignissen im Zuge der Passion – aus den Evangelien nur wenig bekannt ist, soll das liebend-rettende Handeln Jesu seinen Höhepunkt finden?

Ausgehend von einem alten Kapitell der Basilika von Vézelay, erwartet Sie, liebe Leserin, lieber Leser, viel: ein rasanter, erhellender und oftmals wohl auch berührender Streifzug durch verschiedene Kerngeschichten der Heiligen Schrift, in denen es um Verloren-Sein, letztlich aber immer um Rettung geht. Haben Sie Geduld und lassen Sie sich mitnehmen auf eine Rundreise zur Seele des Evangeliums, die Jesus selbst ist: Es kann sich eine kleine Schatzkiste des Glaubens, der Spiritualität und der Lebensgestaltung öffnen.

Sie erfahren Spannendes zur Entstehensgeschichte des Kapitells; Sie werden Jesus begleiten in seiner Begegnung mit der Frau am Jakobsbrunnen und die Gleichnisse von den drei Verlorenen – Verlorener Sohn, Verlorenes Schaf, Verlorene Drachme – neu entdecken; es wird sich zeigen, dass in den Begegnungen Jesu mit dem Zöllner Zachäus und einer gekrümmten Frau weit mehr steckt als gedacht.

All diese Begegnungen und Erzählungen können auf Judas hin gelesen werden: In allen scheint das Motiv der Rettung – auch des Verlorensten von allen – schon durch. Denn der Schöpfer gibt niemanden auf.

Rettung und Heil also auch für Judas? Am Schluss dieses kleinen Buchs werden Sie eine überraschende Antwort finden. Wunderbar und beglückend zugleich. In Stein gemeißelt in dem einzigartigen Kapitell des „Guten Hirten von Vézelay". Sichtbar für die Augen, spürbar für die Herzen.

Eine ungeheuere Hoffnung liegt darin. Auch wir dürfen – wie auch immer unser Leben mit all seinen Ungereimtheiten verlaufen sein mag – am Ende sagen: „Du, der du Judas trägst nach Hause, trage auch mich!" Und sollten uns diese Worte nicht über die Lippen kommen – ER trägt auch den Wortlosen nach Hause. Jeden. Auch mich.

Einführung

Seit Jahren fesselt mich ein Bild. Es prägt mein Arbeitszimmer, es begleitet mein Denken und Sinnen, mein theologisches Reflektieren und mein persönliches Beten. Es speist wie ein Brunnen immer neu mein Lieben. Mehr und mehr. Das Bild zeigt ein Kapitell aus der romanischen Abteikirche Sainte Madeleine in Vézelay in Burgund. Auf ihm ist links Judas zu sehen, der sich erhängt hat, und etwas weiter rechts auf dem kunstvoll verzierten Kapitell schaut man einen Hirten, der den toten Judas wie das verlorene Schaf über der Schulter trägt. Ich habe es „Der Gute Hirt von Vézelay" genannt.

Dieses fast 900 Jahre alte Kapitell verdient weitaus mehr Beachtung als ein flüchtiges Hingucken. Denn es trägt die ganze Botschaft Gottes von Heil und Erlösung in sich. Wir schauen das Wesen, das Herz christlicher Theologie, wie Worte es wohl kaum schöner, eindrücklicher, berührender vermitteln könnten.

Man bedenke doch: Frühere Jahrhunderte kannten weder Fernglas noch Kamera, und in diese Höhe des Kapitells im Dunkel der Decke schauten gewiss nur wenige hinauf.

Zumal es zahlreiche Kapitelle in der Kirche zu betrachten gab, die mehr in Licht getaucht waren als dieses. Das Eigentliche aber, was der unbekannte Steinmetz mit seinen Sinnen voll sehnsüchtigen Glaubens in diesem einen Kapitell gestaltet und wie im Schatten schützend verborgen hatte, konnten sie gar nicht wahrnehmen. Es war zu hoch und zu weit.

In unseren Tagen erfährt dieses vermeintlich schlichte, tatsächlich jedoch unglaublich aussagetiefe Bildnis unseres Glaubens verstärkt Beachtung: So etwa ziert es Kleinschriften oder dient als Meditationsbild für Suchende. Auch bedeutende Köpfe haben es entdeckt, aber nicht „wahr-genommen". In vielen Kunstführern wird es nicht einmal erwähnt: Man scheint daran nichts Besonderes zu finden oder darin zu vermuten. Andere der zahlreichen Kapitelle der Basilika Sainte Madeleine scheinen viel interessanter, sie sind in ihrer Thematik und symbolischen Anspielung oft nur schwer zu entschlüsseln. Dagegen präsentiert sich die Aussage dieser einen Darstellung als sofort einsichtig: Der Gute Hirt – und das ist Jesus, der sich selbst so bezeichnet hat – trägt Judas nach Hause wie das verlorene Schaf. Während die meisten Szenen der Kapitelle in der Kirche Themen des Alten Testamentes oder der Mythologie aufgreifen, ist dies ein Motiv, das unzweifelhaft dem Neuen Testament zuzuordnen und eingängig bekannt ist: Jesus, der Gute Hirt.

Doch wie unbekannt, wie ungewöhnlich diese Darstellung wirklich ist, erhellt sich aus einem anderen Bildnis des Verräters Judas. Es befindet sich nur etwa 90 km südöstlich von Vézelay in der Kirche St. Lazare in Autun, die etwa zur gleichen Zeit erbaut wurde wie Sainte Madeleine, in den Jahren 1120 bis 1140. Die Patrone der Kirchen, Maria Magdalena und Lazarus, waren Geschwister, doch die Judasdarstellungen haben nichts gemein: In der Schule des Bildhauers Gislebertus, der St. Lazare so reich verziert hat, wird Judas als Erhängter dargestellt, wobei zu seinen Füßen rechts und links zwei satanische Dämonen nach ihrer Beute gieren. In Vézelay dagegen zeigt das Kapitell, dessen Bildhauer wir nicht kennen, das völlige Gegenteil: Nicht Satan und seine Dämonen nehmen den erhängten Judas als Beute mit in die Hölle, sondern der Gute Hirte trägt Judas nach Hause wie einen Siegespreis.

In Vézelay hat man für die Verteilung der Darstellungen auf den Kapitellen in Sainte Madeleine keinen systematischen Plan entdecken können. Doch wird vermutet, dass die theoretischen Vorarbeiten zu den Kapitellen von einem bedeutenden Gelehrten seiner Zeit geleistet wurden; die Forschung tippt auf Petrus Venerabilis, eine eindrucksstarke Persönlichkeit seines Jahrhunderts: Mit 21 Jahren war er (1115) Prior des Klosters in Vézelay, mit 28 Jahren wurde er neunter Abt des Reformklosters von Cluny. Menschlich einfühlsam, tieffromm und theologisch eigenständig (er ließ den Koran ins Lateinische übersetzen) gewährte er einem anderen geistvollen Einzelgänger seiner Zeit Aufnahme (Asyl) in Cluny: Petrus Abælardus.

Wenn es nun stimmen sollte, dass Petrus Venerabilis die Inspiration zu den Kapitellen gegeben hat, dann lässt sich die Frage nicht umgehen, ob nicht der Lebensweg des Petrus Abælardus für den Abt Petrus Venerabilis lebendige Anregung zu dieser einzigartigen Judas-Darstellung gewesen sein könnte.

Abælard rühmte sich selber, so muss man es sagen, als großen Philosophen und Dialektiker. Scharen von Schülern, die ihm nachliefen, bestätigten ihn in seiner eitlen Selbsteinschätzung. Die führte notwendig zu Gegnerschaften, zumal Abælard versuchte, die Vernunft in den Glauben einzubringen. Unter seinen Schülern von Paris (das sich damals auf die Seine-Insel beschränkte) war eine gewisse Héloise, die ebenso intellektuell auffällig begabte wie außerordentlich schöne Nichte des einflussreichen Kanonikers Fulbert; auch sie bewunderte den Philosophen und verehrte ihn. Nach anfänglicher ernsthaft-sittlicher Lehrer-Schülerinnen-Beziehung entdeckte Abaelard, dass in ihm neben Dialektik und Logik auch Sinnenlust schlummerte. So wurde aus den beiden eines der berühmtesten, skandalösesten und schwer zu erfassenden Liebespaare der Geschichte. Nachdem beide mit Leib, Geist und Seele füreinander entflammt waren – Héloise von Anfang an von hingebungsvoller und, wie sich zeigen sollte, lebenslanger, uneingeschränkter Liebe erfasst – wurden sie alsbald ein Paar.

Sie gebar ihm einen Sohn. Da schickte Abælard sie weg zu seiner Familie; aus seiner Sinnlichkeit erwuchs keine Liebe mit Verantwortung, obwohl er Héloise sakramental heiratete. Deren erzürnter Vater ließ Abælard entmannen.

Héloise, deren Liebe zu Abælard auch in der Ferne und ohne Kontakt zum Geliebten über viele Jahre hinweg nie erlosch, leitete bald als Äbtissin das von Abælard gegründete Kloster Paraclet.

1141 erklärte die Synode von Sens Abælard zum Häretiker, was nicht ohne Intrigen und Bernhard von Clairvaux' Zustimmung erfolgte. Abælard war nun ein gebrochener Mann, alle Eitelkeit war erloschen, ja, er war ein großer Sünder, als Häretiker ausgeschlossen aus der Kirche. Sein Leben war zerstört und ohne Hoffnung. Er zog aber nicht, wie er zuerst vorhatte, nach Rom zum Papst, sondern wanderte nach Cluny, wo Petrus Venerabilis Abt war. Der Pilgerweg dorthin führte ihn über Vézelay. Dort war im Jahr zuvor die Kirche fertig geworden, noch ohne Nartex (Eingangshalle). Ob er dort eingetreten ist und nach rechts oben geschaut hat? Ob er den Judas erkannt hat und sich selbst in dem, der sich in seiner Hoffnungslosigkeit erhängte? Ob er auch den Hirten sah …? Aber im Gegensatz zu Judas hat Abælard Christus nicht ausgeliefert, er wollte sogar, ähnlich seinem Meister, die Vernunft in den Glauben einbringen; auch hat er sich nicht erhängt. Doch eine damalige Meinung hat ihn gewissermaßen dann doch erhängt.

In Cluny klopfte er an und erbat zusammen mit Bettlern und Pilgern ein Lager. Petrus Venerabilis aber erkannte, wer da bei ihm Zuflucht suchte, und nahm ihn in Ehren auf. Nur ein Jahr später, am 21. April 1142, starb Abælard. Und Petrus Venerabilis hatte die Größe und Freiheit, die rechtmäßige Ehefrau Abælards, inzwischen Äbtissin Héloise („meine teuerste Schwester in unserem Herrn"), eigenhändig zu informieren über den Heimgang „des Mannes, der Euch gehört". Am Ende seines Briefes an die Äbtissin schreibt er: „Jener, dem Ihr durch das Band des Fleisches, dann durch das festere und stärkere Band der göttlichen

Liebe verbunden worden seid, jener, mit dem und unter dem Ihr Euch dem Dienste Gottes geweiht habt, jener, sage ich, wird heute statt von Euch von Gott als Eurem anderen Selbst in Liebe umfasst. Und am Tage der Ankunft des Herrn, bei der Stimme des Erzengels, beim Klang der Posaune, die den höchsten, von den Himmeln herabkommenden Richter ankündigt, wird Er ihn Euch in Seiner Gnade zurückgeben; Er bewahrt ihn Euch."

Héloise hatte den Körper von Abælard von der Abtei von Cluny erbeten, und Petrus Venerabilis ließ den Leichnam „unauffällig" aus dem Friedhof wegholen und gab ihm selbst das Geleit bis zu der Liebenden, der Äbtissin vom Kloster Paraclet. Und wieder musste er dabei durch Vézelay kommen. Und wieder konnte er hinaufschauen zum Kapitell, das er selber womöglich inspiriert hatte – und sah, dass es der Gute Hirt war, der den größten aller Sünder auf seinen Schultern nach Hause trug. So trug nun er Abælard nach Hause – bis Gott ihn seiner Frau zurückgeben würde.

Man bedenke: Nicht die Gestalt *irgendeines* Menschen trägt der Gute Hirt, sondern Judas, „den Sohn des Verderbens". Der Tradition zufolge denjenigen, der der Erlösung auf keinen Fall mehr teilhaftig werden konnte. Aber nicht die Tradition, sondern Gott selbst hat das letzte Wort.

In diesem Buch möchte ich der altbekannten Frage nachgehen: Wie ging Jesus mit Sündern um? Hat er sie wegen ihrer Sünden ausgeschlossen und gesagt: Ihr habt es nicht verdient, dass ich mit euch Gemeinschaft habe oder ihr mit mir!? Ihr müsst erst Buße tun und euch bekehren!? Hat Jesus nicht tatsächlich auch gedroht? Hinausgeworfen in das ewige Feuer der Hölle, wo der Satan mit seinen Engeln wartet?

Christsein meint gewiss „ein Leben führen, das dem Ruf entspricht, der an uns ergangen ist", Tag für Tag, von früh bis spät. Nur dann kann man sich, wie die Kirche selbst, auf Christus Jesus und sein Evangelium beziehen. Und was geschieht mit dem, der mit Worten zwar sagt, er sei Christ, aber mit seinem Leben dem zuwiderhandelt? Und zwar in grundsätzlichen Dingen, die eindeutig dem Sinn Jesu zuwiderlaufen? Hat er, hat sie in diesen Fällen keine Gemeinschaft, keine *Communio* mehr mit dem Messias Jesus? Handelt aber vielleicht auch der dem Sinn Jesu zuwider, der nicht mehr vergibt?

Und Judas als der erste und letzte aller Sünder?

Über diesem Buch schwebt, hoch oben und zugleich direkt vor unseren Augen, das Bild vom „Guten Hirten von Vézelay". Er trägt den Judas nach Hause, den größten aller Sünder. Aber da gibt es eine Besonderheit, die der unbekannte Steinmetz seinem Bild zugefügt hat, eine einzigartige Kostbarkeit, die, wie mir scheint, bisher noch von niemandem entdeckt wurde. Und es ist unwahrscheinlich, dass Petrus Venerabilis, falls er der Inspirator auch dieses Kapitells gewesen ist, zu allem anderen eine solche Feinheit dem Steinmetz übermittelt haben könnte. Ich meine, die muss von diesem Künstler selber gekommen sein, aus einer Liebe, wie sie im Herzen von Héloise lebte und niemals wieder erloschen ist. Frühere Jahrhunderte aber konnten diese Feinheit des Kapitells gar nicht entdecken, weil sie nicht so hoch hinaufschauen konnten.

Als ich sie entdeckte, stockte mir der Atem.

Am Ende dieser Schrift werde ich sichtbar machen, tatsächlich dem Auge sichtbar, was der tiefsinnige, geradezu mystisch begabte Steinmetz vor fast 900 Jahren über das Offensichtliche hinaus noch dargestellt hat. Es ist allerschönste Theologie in Stein. Das ganze Evangelium. Vielleicht schöner und größer, als Worte dies auszudrücken vermögen.

Hannover, am Fest der hl. Maria Magdalena, Apostelin, 2017

Christoph Wrembek SJ

Rechts oben die Judasdarstellung aus St. Lazare/Autun, unten die aus Sainte Madeleine/Vézelay

Jesus und die sechsfach wiederverheiratet Geschiedene

Zum reichen Egoisten im Hades/in der Unterwelt sagt Abraham (es ist Gottes Stimme, die durch ihn spricht) wie ein mitfühlender, ja mitleidender und sorgender Vater: Mein Kind! Zu Judas im Garten Getsemani wird Jesus einmal sagen: Mein Freund ... Aber zu Petrus, den er zur Sorge um seine Brüder bestellen wird, sagt er: Weiche von mir, Satan!

Und ein paar Tage später fragt er ihn: Liebst du mich?

Es scheint, je weiter ein Mensch von Gott entfernt ist, desto liebevoller wendet Gott sich diesem Menschen zu. Und zwar aus einem einzigen Motiv heraus, in dem das Wesen Gottes aufscheint: nicht um eines Verdienstes willen – denn dieses liegt ja nicht vor –, sondern weil dieser Mensch die Zuwendung absolut notwendig braucht.

Gerechtigkeit gibt, was ein Mensch verdient hat; Barmherzigkeit schenkt, was der Mensch braucht. So ist das Herz Gottes.

Das Neue Testament berichtet häufig von Sündern. Auch von großen Sündern. Schauen wir uns eine Begegnung eines solchen Menschen mit Jesus genauer an. Es ist eine Frau, vermutlich eine Sünderin, vielleicht sogar eine große – aber merkwürdigerweise wird diese Qualifizierung im ganzen Bericht überhaupt nicht gebraucht. Als wäre das für Jesus nicht wichtig. Sie ist ein Mensch, ein Mensch in Not. Und so erfährt sie allerhöchste Zuwendung vom Messias Gottes. Gott schenkt seine Communio, seine Gemeinschaft stiftende Nähe zuerst denen, die sie mehr brauchen.

Die äußeren Umstände sind bei diesem Bericht, den uns der Evangelist Johannes im vierten Kapitel überliefert hat, wichtig; sie korrespondieren mit dem inneren Geschehen. Wie so oft in seinem Evangelium bringt er auch in dieser Begebenheit feine, stimmige Details, die ihn als Augenzeugen kennzeichnen; dafür bin ich ihm allerhöchst dankbar. Die anderen Evangelisten kannten die Szene auch, einige waren vielleicht sogar mit dabei, aber sie haben sie des Aufschreibens nicht für wert erachtet. Vielleicht haben sie sich auch nicht getraut, öffentlich das zu verkünden, was im geschützten Raum von „Ungläubigen", eines samaritischen Dorfes nämlich, offenbart worden war.

Jesus hatte sich in der Mittagshitze am Brunnen von Sychar niedergelassen. Zuvor war er mit seinen Jüngern am Jordan gewesen, seine Männer hatten getauft und sogar mehr Zulauf gewonnen als Johannes mit seiner Bewegung. Das hatte bei den Pharisäern zu Nervosität geführt: Noch eine zweite Bewegung außerhalb des Systems? Das war zu viel. Allerdings hatte Jesus selbst nicht im Wasser gestanden und getauft – Taufen mit Wasser gehörte nicht zu seiner Methode; wann immer er die Jünger später aussendet, hören wir niemals, dass er sie zum Taufen anweist. Nein: Heilt die

Kranken und verkündet das Reich Gottes! Dazu brauchte es offensichtlich keine Taufe.

Heilt Kranke? Verkündet das Reich Gottes? Hatten seine Männer nicht mit dem *Taufen* so großen Erfolg gehabt? Was würde ein Bischof heute darum geben, wenn seine Pfarrer ihm meldeten, sie hätten mehr Zulauf als die Sekten von der Querstraße nebenan? Wäre das nicht ein sicheres Zeichen, dass der Heilige Geist mit *seiner* Kirche war? Endlich wieder! Schwerlich käme er auf den Gedanken, seine guten Pfarrer anzuweisen, auf den Zulauf nicht viel zu geben, sondern zu heilen, was krank ist, und das Reich Gottes zu verkünden. Aber lässt Gottes Heiliger Geist nicht manchmal das Alte verschwinden, das zahlenmäßig große, weil er etwas Neues hervorbringen will, das anfangs noch zahlenmäßig klein ist, aber näher am Original des Reiches Gottes liegt?

Welche Jünger bei Jesus sind, hören wir nicht. Apostel werden sie nicht genannt. Vielleicht sind es nicht einmal zehn Männer. Ob Judas darunter war? Judas stammt, als einziger der Apostel, wie es scheint, aus dem Süden, aus der Wüste östlich von Hebron, aus Kariōt – war er so etwas wie ein Außenseiter, ein Fremder in der Gruppe der Jünger, der unter den Männern von Galiläa nie richtig heimisch wurde? Der sich mit dem See und den Fischen nie so richtig anfreunden konnte und der sich mit seiner Herkunft aus der Fremde zugleich auch in seiner Mentalität von den anderen unterschied und fremd blieb? Was hatte ihn überhaupt hierher in den Norden verschlagen? Oder hierher gelockt? Dass möglicherweise der Messias gekommen sei? Wir wissen es nicht.

Wir sind mit der Gruppe um Jesus am Brunnen. Und nun kommt Geografie ins Spiel. Der Brunnen befindet sich nahe an einer Kreuzung, die von zwei Straßenzügen gebildet wird: Es sind uralte Karawanenwege, die einmal Ägypten mit Syrien, zum anderen das Mittelmeer mit Mesopotamien verbinden. Die eine Straße kommt vom Jordantal im Osten herauf und läuft über die Kreuzung geradeaus nach Westen weiter zum alten Sichem und über die Passhöhe hinauf nach Galiläa; die Passhöhe trennt den Ebal im Norden vom Garizim im Süden. Die zweite Straße kommt von Jerusalem her, aus dem Süden; wo die beiden sich kreuzen, lag damals 300 m weiter nördlich der Jakobsbrunnen. Noch einmal 100 m nördlich davon befand sich das alte Jakobsgrab.

Aber es gab noch eine dritte Straße: Sie war die Fortsetzung jener Straße, die aus dem Süden von Jerusalem heraufführte und nun von hier aus in einem leichten Rechtsbogen nach Skythopolis hinabführte, in das heidnische Gebiet der Dekapolis. An dieser Straße, nur etwa 1000 m nördlich von der Kreuzung und dem Brunnen entfernt, lag das Dorf Sychar.

Warum Dorf und Brunnen so weit voneinander entfernt lagen, lässt sich leicht denken: Ein Brunnen war ein begehrter Lagerplatz auch für Karawanen, aber im Dorf konnte eine Karawane nicht lagern (heute befinden sich die Rastplätze für die „Brummis" ja auch außerhalb der Städte). In weitem Bogen um den Brunnen herum gab es deshalb ganz sicher weder Bäume noch Büsche.

Da sieht Jesus auf der leicht gekrümmten Straße eine Frau herankommen. Sie trägt auf dem Kopf den Wasserkrug. Es ist Mittagszeit. Hitze flimmert über dem Land. Was sieht Jesus alles? Er sieht: Die Frau kommt allein. Das ist nicht nur unüblich, sondern auch gefährlich, wegen wilder Tiere und Männern. Immer gehen Frauen zusammen in einer Gruppe zum Wasserholen, so noch heute in Afrika oder Indien. Wenn die Frau alleine kommt, sagt das Jesus, dass sie vermutlich ein Problem hat. Ein großes: Sie muss vom Dorf ausgeschlossen worden sein. Die anderen Frauen wollen nicht mit ihr zusammen gehen. Eine Exkommunizierte also. Eine Häretikerin. Noch etwas sieht Jesus: Sie kommt in der Mittagshitze. Auch das ist absolut unüblich in diesen Breitengraden, die Frauen gehen am späten Nachmittag zum Brunnen. Ein weiteres Zeichen also, dass sie wahrscheinlich eine Ausgeschlossene ist. Einsam. Und er spürt, dass die soziale Einsamkeit zugleich eine ihrer Seele ist. Sie ist eine Leidende. Sie braucht Nähe. Sie braucht Gemeinschaft.

Ein wahrer Seelsorger sieht zuerst die Seele des Menschen, nicht mögliche Sünden und fehlerhaftes Verhalten; vielmehr erspürt und fühlt er, worunter dieser Mensch womöglich leidet. Was ihn belastet und niederdrückt und unfrei macht. Und was er jetzt braucht zum Leben. Man beachte: Es geht nicht darum, was dieser Mensch verdient hat, sondern was er braucht.

So auch hier bei der Frau, die näher kommt.

Aber da gibt es für Jesus ein Problem: seine Jünger! Diese Männer stecken noch tief im damaligen jüdischen Gesetzesdenken, und nach diesem ist es verboten, mit einer Frau zu sprechen. Noch dazu mit einer Samariterin, einer von der falschen Partei, von den Ungläubigen. Nein, solange seine Männer hier sind, würde er mit der Frau nicht offen sprechen können. Die missbilligende, von vornherein tadelnde Gegenwart seiner Jünger schaffte alles andere als eine friedvolle Atmosphäre des Vertrauens, des Sich-Öffnens für ein seelsorgliches Gespräch. Ich stelle mir vor, dass Jesus das sehr wohl empfunden hat – und er suchte nach einer Lösung, wie er einen ruhigen, friedvollen Gesprächsraum schaffen könnte. Es war eigentlich ganz einfach: Er musste es nur arrangieren, dass die Jünger nicht da blieben – und also schickte er sie ins Dorf, etwas zum Essen zu kaufen ...

Gewiss, das steht so nicht im Text. Aber meines Erachtens hat Johannes alles so deutlich beschrieben – ja vor Augen gestellt, wenn man die Geografie mitschaut –, dass wir erkennen und sehen, wie sorgsam Jesus ein zugleich lebensrettendes als auch schwieriges Gespräch vorbereitet.

Und wieder ist dies Verhalten unseres Herrn ein Zeichen für uns: Der schwierige Part liegt bei solchen Gesprächen beim bedrückten Menschen, also muss man ihm allen Vorteil einräumen, alles für ihn zum Leichteren organisieren. Nicht das Gesetz steht im Vordergrund, in unseren Tagen auch nicht das Kirchenrecht, sondern der Mensch. Ein Mensch in Not. Und seine Not gewinnt Jesus für ihn. Wie recht Jesus hatte, die Jünger wegzuschicken, wird deutlich hörbar, als sie zurückkommen und „sich wundern", dass er mit einer Frau spricht: Sie haben Anstoß genommen, dass ihr Meister sich nicht an die Weisung hielt.

So sind sie, die Gesetze über den Menschen stellen.

Mit einem Menschen in seelischer Not muss man allein sprechen, um Vertrauen zu gewinnen. Vertrauen? Nein, zuerst noch etwas Wesentliches davor, damit Vertrauen überhaupt entstehen kann: Sympathie. Sympathie ist die notwendige Vorstufe zu Vertrauen. Wen ich nicht sympathisch finde, dem vertraue ich mich nicht an.

Um ihr Vertrauen zu erlangen, muss Jesus also zuerst die Sympathie der Frau gewinnen. Das heißt: *Sie* muss *ihn* sympathisch finden! Wie Jesus das in einem Augenblick, mit einem Satz schafft (wobei der Klang seiner Stimme, sein Anschauen für eine Frau unzweifelhaft zur Sympathiefindung beigetragen haben), ist großartig, beispielhaft, von Freiheit geprägt.

„Dós moi peĩn. – Gib mir zu trinken."

Die Samariter stützten sich bevorzugt auf den Pentateuch, die ersten fünf Bücher der Bibel. Aus dem ersten von diesen, dem Buch *Bereschit* (Im Anfang)/Genesis, kannten sie die wunderschöne Erzählung, wie Abraham durch seinen Großknecht für seinen Sohn Isaak eine Frau aus der Heimat holen lässt (Gen 24). Als sich der Großknecht nach langer Reise der Stadt Nachors nähert, lässt er seine „Kamele am Brunnen lagern. Es war gegen Abend um die Zeit, da die Frauen herauskommen, um Wasser zu schöpfen" (Gen 24,10f). Und dann sagt er zu einem sehr schönen jungen Mädchen mit Namen Rebekka: „Lass mich ein wenig Wasser aus deinem Krug trinken."

Als die Samariterin den fremden Juden diese kurzen Worte sagen hört: „Gib mir zu trinken", mögen ihr wie von selbst die uralten Worte der heiligen Schriften in den Sinn gekommen sein; sie mag sich in der Rebekka wiederempfunden haben, einer jener großartigen Stammmütter Israels und Jesu: So wurde auch diese damals angesprochen – und Heirat geschah, *Communio*, innige Gemeinschaft, Einheit.

Welch Entzücken blühte wohl in dieser Frau am Brunnen auf, so angeredet zu werden! Ihr Herz glühte. Aber mit dem Entzücken auch irritierende Überraschung: Das durfte der doch gar nicht, sie so ansprechen und um Wasser bitten?

In der Tat: Jesus verhält sich hier gegen alle Gepflogenheiten und geregelten Umgangsformen: Er als Mann durfte nicht mit einer Frau sprechen, er als Jude nicht mit einer Samariterin. Und diese Frau um Wasser bitten, aus ihrem Gefäß trinken? Nie und nimmer! – Man darf wohl sagen, der Jude Jesus übertritt Regeln und Gesetze, die damals galten, um einen Menschen für sich zu gewinnen. Er tut dies aus einer lebendigen, sich immer neu anpassenden Frömmigkeit heraus, die sich nicht in Gesetzestexte einsperren lässt, sondern die von der Beziehung zum all-liebenden, barmherzigen Gott durchdrungen ist, der dem Menschen, dem Geschöpf seiner Hände, gibt, was der braucht, nicht nur das, was das Gesetz erlaubt.

Aber genau durch seine Übertretungen gewinnt Jesus die Sympathie der Frau. Wieso? Er spürt, ahnt, weiß, dass diese sich in ihrem Leben ebenfalls des Öfteren gegen Gesetze und Normen verhalten und Regeln übertreten hat – und nun begegnet sie einem Juden, der es ebenfalls mit Regeln und Normen nicht so genau nimmt? Das macht ihr diesen Fremden sympathisch; er ist einer von ihrer Art, ihr seelenverwandt, so mag sie empfunden haben.

Die Sympathie eines anderen gewinnen, indem ich mich ihm gleich mache, mich auf gewisse seiner Gewohnheiten einstelle und sie mitmache, selbst, wenn ich dafür Regeln übertreten muss – das setzt eine große innere Freiheit voraus und eine bedingungslose Zuwendung zu diesem Menschen. Kirchliche Pastoral, jede „Therapie" und Seelsorge sollte stets dieses Verhalten Jesu vor Augen haben und sich von ihm leiten lassen.

Letztlich hat Gott bereits in der Menschwerdung seines Sohnes so gehandelt: Er ist in allem uns gleich geworden (übrigens auch in der Sünde: Jesus war damals einer der größten Sünder, nach dem Maßstab der Tora, deshalb haben sie ihn ja umgebracht), er hat unser Leben geteilt bis in den Tod. Ist das nicht ein wunderbarer Gott, der „nicht daran festhielt, wie Gott zu sein, sondern ein Mensch, ein Sklave wurde, das Leben eines Menschen lebte, sich erniedrigte bis zum Tod am Kreuz" (Phil 2,6-8). Deshalb können wir Gott vertrauen; er hat durch sein Leben in Niedrigkeit mitten unter uns unsere Sympathie gewonnen. An unserer Sünde stört sich Gott nicht, weder sie steht in seinem Blickpunkt, noch tun es Gesetze, sondern der Mensch ist sein Augapfel, und wie er diesen Menschen gewinnen kann, seine einzige Sorge.

Die Frau – sie hatte ja einen Namen, nennen wir sie Archelæa – ist überrascht und entzückt, aber vermutlich auch irritiert. Wie kann dieser Mann so zu ihr sprechen? Schaut man in den griechischen Text des Evangeliums hinein, klingt die Überraschung noch in ihren Worten nach, mit denen sie nun Jesus antwortet:

„Wie? Du? Ein Jude? Bittest mich samaritische Frau um etwas zu trinken!?"

Wenn jemand fragen möchte, woher denn der Evangelist, der ja gar nicht dabei gewesen war, all diese Worte so genau wissen will, dann gibt es darauf eine einfache Antwort: Nach dieser Begegnung, so hören wir, luden die Dorfbewohner Jesus und seine Jünger in ihr Dorf ein – und nun hatten sie, hatte Johannes genügend Gelegenheit, die Frau zu fragen: Du, sag mal, was habt ihr denn da alles miteinander geredet?

Ja, was hatten sie geredet? Sie erinnert sich, dass er sie als ganz normale Frau behandelt hat, allein das war, auf dem Hintergrund ihrer Behandlung durch die Dorfbewohner, neu und befreiend. Sie erinnert sich, dass er ihr tiefe Worte der Weisheit mitgeteilt hat, die sie allerdings kaum verstand, so geheimnisvoll, so mystisch waren sie: „Wenn du wüsstest, worin die Gabe Gottes besteht und wer es ist, der zu dir sagt: Gib mir zu trinken, dann hättest du ihn gebeten, und er hätte dir lebendiges Wasser gegeben" (Joh 4,10).

Tatsächlich floss auf dem Grund des Brunnens „lebendiges", nämlich frisch fließendes Wasser vom Garizim. Das wusste also dieser Jude, aber wie wollte er an das Wasser herankommen?

„Herr, du hast kein Schöpfgefäß, und der Brunnen ist tief; woher hast du also das lebendige Wasser? Bist du etwa größer als unser Vater Jakob, der uns den Brunnen gegeben und selbst daraus getrunken hat, wie seine Söhne und seine Herden?" – Direkt berichtet uns die Bibel nicht, dass Jakob diesen Brunnen „gegeben", also gegraben hat. Aber im Buch

Genesis (33,19) wird erwähnt, dass Jakob ein Stück Land nahe bei Sichem, wo er sein Zeltlager aufgeschlagen hatte, gekauft habe. Dies alte Sichem (Tel Balata) liegt den Ausgrabungen zufolge keine 500 m westlich vom Jakobsbrunnen entfernt. Das passt zur biblischen Erzählung. Wenn nun ein Halbnomade damals ein Stück Land kaufte, dann musste nicht eigens erwähnt werden, dass er einen Brunnen grub – ohne Wasser hätte er dort nicht leben können. Die Erwähnung des Landkaufs *ist* die Erwähnung des Brunnens! Als würde heute eigens gesagt, dass in der neuen Wohnung, die jemand kauft, auch ein Wasseranschluss vorhanden sei. Der Landkauf exakt an unserer Stelle weist also untrüglich auf den Brunnen hin. Man muss sogar umgekehrt denken: Zuerst hat Jakob durch einen seiner Leute mit besonderen Fähigkeiten, wie es sie heute noch gibt, herausfinden lassen, ob es da Wasser gab, und dann hat er das Grundstück gekauft und den Brunnen gegraben, für seine Söhne und seine Herden.

Übrigens war mit diesem Brunnen auch die Vergewaltigung einer Frau verbunden, Dinas, einer der Töchter Jakobs. Rebekka und Dina am selben Brunnen mit Jesus, der allen seine Nähe, seine *Communio* schenkt.

Der Jakobsbrunnen ist der einzige in weitem Umkreis mit fließendem Wasser. Er ist tief, unvorstellbar tief. Erst fand man seinen Boden bei gut 19 Meter Tiefe – aber die war durch all jene Steine entstanden, welche die Menschen im Laufe der Jahrhunderte hineingeworfen hatten, um zu hören, wie tief er wohl sei. Als griechische Mönche den Brunnen 1955 reinigten, stießen sie in 50 m (!) Tiefe auf das fließende Wasser. Man stelle sich vor, wie schwer allein das Seil gewesen sein muss, an dem das Schöpfgefäß hinabgelassen wurde.

Den Worten der Frau wie auch ihren folgenden Sätzen entnehmen wir ohne Zweifel, dass sie reden konnte, ohne Scheu kommunizieren auch mit Männern, dass sie Bescheid wusste in ihren heiligen Schriften und Traditionen. Ihr Gespräch mit Jesus ist ähnlich lang wie jenes andere, das später die Marta am Grab des Lazarus mit Jesus führen wird. Diese Frau hier tat sich offenbar leicht, Kommunikation aufzunehmen; und diese Leichtigkeit der Kommunikation könnte ihr in ihrem Leben zum Verhängnis geworden sein: Aus einem netten Plausch, der immer länger und intimer wurde, entwickelte sich eine Beziehung, die sie gar nicht im Sinn gehabt hatte – und schon war sie eine Gefangene ihrer eigenen Fähigkeiten geworden. Und dies vielmals. Und jetzt wieder? Gewiss hat sie zu diesem Zeitpunkt ihres Gespräches am Brunnen noch gar nicht daran gedacht, und Jesus hatte etwas ganz anderes im Sinn als ein erotisches Abenteuer.

Er antwortet ganz ernst: „Wer von diesem Wasser trinkt, wird wieder Durst bekommen; wer aber von dem Wasser trinkt, das ich ihm geben werde, wird niemals mehr Durst haben; vielmehr wird das Wasser, das ich ihm gebe, in ihm zur Quelle werden, deren Wasser in das ewige Leben sprudelt" (Joh 4,13f).

Jesus spielt auf das tägliche Gehen der Frau zum Brunnen an, auf die Beschwerlichkeit, die mit dem Wassertragen verbunden ist und die niemals aufhören wird. Aber dann spricht er von einem anderen, eigenartigen Wasser, das für alle Zukunft jeden Durst stillt, das das mühsame Zum-Brunnen-Laufen überflüssig macht, ja noch mehr: Dieser Mensch wird in sich selber zu einer lebenspendenden Quelle für andere werden, einer Quelle gar, die ins ewige Leben führt!

Die geheimnisvollen Worte des Fremden versprechen der Frau etwas Wunderbares, niemals Erhofftes. Und sie sind ohne Gegenforderung formuliert, einfach als Geschenk an sie, umsonst gegeben. Das muss sie als Ehrung ihrer Person empfinden, eine Ehrung, die bis in die Ewigkeit reicht. Indem Jesus sich ihr so zuwendet, ohne als Vorbedingung Reue, Umkehr, Buße zu fordern, durchbricht er ihre Einsamkeit und Isolation; er macht sie, die Ausgestoßene, zur Beschenkten und auch noch zu einer Quelle für andere.

Noch kann die Frau das alles nicht verstehen.

„Herr, gib mir dieses Wasser, damit ich keinen Durst mehr bekomme und nicht mehr hierher zu kommen brauche, um Wasser zu schöpfen" (Joh 4,15).

Diese Worte machen deutlich, dass Archelæa die tiefe geistliche Bedeutung der geheimnisvollen Worte Jesu noch nicht erfasst hat – wie sollte sie auch!, sondern auf der praktischen Ebene bleibt: Das wäre ja wunderbar, wenn dieser Fremde – vielleicht ist er ein „Wünschelrutengänger"? – mir eine Wasserleitung bis in mein Haus bauen kann, dann brauche ich nicht mehr jeden Tag hierherzukommen und mühsam Wasser zu schleppen ... Ja, bitte, tu das!

Jesus muss also feststellen, dass seine hochtheologischen Worte von dieser Frau zunächst nicht verstanden werden. Gleiches ist ihm später immer wieder passiert, wenn er etwa zu seinen Aposteln sagt: Ihr werdet den Kelch trinken ..., oder zu den Gläubigen in der Synagoge von Kafarnaum: Wer mein Fleisch isst und mein Blut trinkt, hat das ewige Leben ... Auch hier verstanden die Hörer nicht, was er meinte, sie brauchten dazu Zeit, Reflexion und neue Erfahrungen.

Jedenfalls war das Gespräch jetzt in eine Sackgasse geraten, die Wasserleitung wollte und konnte Jesus gar nicht bauen. Was aber, so sollten wir fragen, war das Ziel seines Gespräches gewesen? Allgemein gesagt, wollte er dieser Frau gewiss Heil schenken, sie retten, sie glücklich machen. Aber dazu gehörte im Besonderen, dass er das Unheile, Dunkle in der Seele und in der Vergangenheit dieser Frau heilte. Doch mit der Methode, die er bisher eingeschlagen hatte, war er nicht zu diesem Ziel gelangt. Nur das hatte er erreicht, dass Archelæa im Gespräch blieb, neugierig zuhörte und diesen fremden Juden offensichtlich mochte.

Ihr Interesse und ihre Sympathie hatte er in jedem Fall schon mal gewonnen.

Das schaffte er auch dadurch, dass er ihr keine Vorwürfe machte, etwa, sie hätte nicht verstanden und sei zu einfältig; er schiebt die Schuld für ihr Nicht-Erfassen nicht auf ihre Seite, sondern er nimmt den scheinbaren Misserfolg auf sich. Zudem geht es gar nicht um Schuld. Die Frau wollte einfach niemanden an das Schmerzvolle heranlassen, das ihr Leben durchzog. Aber die Wunden in sich muss der Mensch offen legen, auf dass er geheilt werde.

Wenn wir in der heiligen Messe vor der Kommunion beten: „Schau nicht auf unsere Sünden ...", so schwingt dahinter ein Gottesbild mit, das mit Verdienstdenken arbeitet: Mit unseren Sünden verdienen wir keine Gnade bei dir ... Aber sagen wir beim Arzt: Schau nicht auf meine Wunden? Und Gott, der mütterliche Vater, der Heiland aller Welt?! Wem, wenn nicht ihm, können wir *alles* zeigen, all unsere Sünden, weil er heilen will und wird und kann! Deshalb sollten wir im Herzen auch beten: ‚Schau auf unsere Sünden!', denn worauf Gott schaut, das wird heil.

Jesus will auf das schauen, was im Leben dieser Frau krank ist und sie quält. Bei jedem Menschen will er das.

Deshalb ändert Jesus sich selbst, er ändert seine Methode. Das erfordert Feingefühl und Demut. Man muss ja realisieren und sich eingestehen, nicht passend genug gesprochen zu haben. Solch ein Methodenwechsel stellt zudem ein Risiko dar: Er könnte dazu führen, den Menschen zu verlieren, den man doch retten will.

Bisher spielte das Vorleben von Archelæa keine Rolle. Jesus hat diese Frau einfach ernst genommen, hat ihr Wohlwollen, Zuneigung geschenkt und geheimnisvolle Zukunftsvisionen eröffnet, die sie neugierig gemacht haben. Es ist eine gute, eine freundliche Beziehung entstanden; ist sie aber auch tragfähig für das Schwere, das er nun zur Sprache bringen wird?

„Geh, ruf deinen Mann und komm wieder her."

Der Themenwechsel kommt abrupt und trifft genau jene Bereiche, die die Frau verbergen wollte. Sie ist geschockt, ihre Wunden drohen neu aufzureißen. Aber in den Worten Jesu klingt keine Verurteilung oder Distanzierung an, kein Abschieben, im Gegenteil: Komm wieder her! Sie, die mit diesem Mann in einer Beziehung lebt, die dem göttlichen Gesetz widerspricht, wird vom Sohn Gottes selber eingeladen, mit diesem Mann zusammen wieder herzuzutreten zur *Communio*, zur Begegnung mit dem Heiligen.

Woher Jesus um die Beziehungsprobleme der Frau wusste, bleibt uns verborgen. Etwas konnte er aus den Umständen erahnen, wie und wann die Frau zum Brunnen gekommen war. Aber ein Prophet sieht eben auch Dinge, die normale Menschen nicht sehen.

Ihre Antwort ist in ihrer Kürze vielsagend:

„Hab keinen Mann – *ouk échō ándra*."

Sie, die soeben noch lange und viele Sätze sprechen konnte, gibt nur noch drei Worte von sich. Sie bricht die Kommunikation ab, als wolle sie sagen: Darüber werde ich nicht sprechen. Lass das, das ist mein gescheitertes Leben. Und sehr wahrscheinlich veranlasst ihre Psyche sie, bei diesen Worten den Kopf zu senken, sie „macht zu", wie wir sagen. Es droht, dass sie den Kontakt zu Jesus abbricht. Aber die Sympathie, die sie für ihn gewonnen hat, hält sie bei ihm.

Geradezu zärtlich und voller Mitgefühl formuliert Jesus nun seine Erwiderung. Sie besteht aus drei Gliedern: Das erste ist bejahend, aufbauend, das zweite bringt Tatsachen ans Licht, das dritte ist wiederum tröstend, aufrichtend – und keines verurteilend:

„[1] Du hast richtig gesagt, dass du keinen Mann hast. [2] Denn fünf Männer hast du gehabt, und der, den du jetzt hast, ist nicht dein Mann. [3] Damit hast du die Wahrheit gesagt."

Jesus lädt sie zusammen mit dem Mann, der nach dem Gesetz nicht ihrer ist, ein, gemeinsam zu ihm zu kommen. Zur *Communio* mit dem Sohn Gottes. Wo Jesus ist, da ist Kirche.

Aufgrund der gesamten Situation und der Weise, wie Johannes das Verhalten der Frau schildert, dürfen wir ausschließen, dass Archelæa ein ähnliches Schicksal wie Sara aus dem Buch Tobit erfahren hatte, deren fünf Männer alle noch im Brautgemach gestorben waren (Tob 6,14) – das würde überhaupt nicht zu den geschilderten Umständen und zu Jesu Worten passen. Nein, hier bleibt nur die Vermutung, dass sie auf irgendeine Weise fünfmal verheiratet gewesen war, nach einer damals möglichen Weise, und fünfmal geschieden war bzw. sich wieder von dem Mann getrennt hatte und jetzt zum sechsten Mal mit einem Mann zusammenlebte, aber nicht in der erforderlichen gültigen Form. Vielleicht galt sie den Dorfbewohnern auch als Prostituierte.

Jedenfalls kann man sie nach heutigen Maßstäben als sechsfach wiederverheiratet Geschiedene betrachten. Und schon bis zu diesem Zeitpunkt hat Jesus sie zur *Communio* zugelassen, zur Nähe und Einheit mit ihm, der voll Erbarmen ist. Denn er schenkt seine Nähe nicht nach Verdienst, wenn alles richtig gemacht wurde entsprechend dem Gesetz, sondern nach der Not des Menschen, nach dem, was der jetzt braucht.

Ein Mensch dagegen, für den Gesetz und Gebote oberste Richtschnur sind, könnte über sie herfallen und sie verurteilen: Du Schlampe, bist selber schuld an der Misere deines

Lebens, du hast nichts Besseres verdient, du erhältst nur die gerechte Strafe für dein liederliches Leben, jetzt musst du Buße tun und Reue zeigen, damit Gott sich dir gnädig zeigt und dich vielleicht wieder annimmt ...

Nicht so der wahre Gott, der jeden Menschen retten will und wird. Jesus weiß: Diese Frau braucht mich. Sie braucht jemanden, der sie mit den Fakten ihres Lebens konfrontiert, damit die daraus entstandenen Wunden geheilt werden, jemanden, der sie unter dem Chaos ihres Lebens nicht zerbrechen lässt. So „umhüllt" er die Fakten mit zwei aufbauenden, geradezu zärtlichen Worten: „Du hast schön geantwortet ..." (so im Griechischen). Und nach den Fakten: „Damit hast du die Wahrheit gesagt." Es erklingt das große johanneische Wort von der Wahrheit, das Jesus hier einer Frau zuspricht, die nach unseren Maßstäben eine große Sünderin ist und nicht zu den Sakramenten gehen dürfte. Aber Jesus ist selbst das Sakrament, und er lässt sie zu sich kommen.

Archelæa muss empfinden, dass das Dunkle, Verkorkste ihres Lebens nach den Worten dieses Menschen eingebettet ist in Schönes und Wahres – wie ein doppelter Verband eine Wunde umhüllt und heilen lässt. Und sie wird nicht davongejagt und ausgeschlossen, sondern ist angenommen.

Was Gott nach menschlichem Maßstab hätte „zornig" machen müssen, das nutzt der wahre Gott, um sich dem Menschen noch mehr zuzuwenden und ihn zu retten. Denn das ist sein Name, sein Wesen: *Jeshua* – Gott rettet.

Wie beglückt und zutiefst berührt die Frau auf die Begegnung mit Jesus reagiert haben mag, sei dem empfindsamen Nachspüren des Lesers anheimgestellt ...

Nach dem Evangeliumstext schwenkt die Frau anschließend sofort über zu einem neuen, ganz anderen Thema, einem theologischen, weit weg von ihren persönlichen Problemen.[1] Man hat das als „Ausweichen", als Ablenkungsmanöver interpretiert. Das halte ich für völlig fehl am Platz: Die Frau braucht nicht auszuweichen oder abzulenken; und Jesus will ja gerade ihre, unsere Wunden heilen. Nein, sie kann das Dunkle und Schuldhafte und Belastende ihres Lebens jetzt ohne Scheu anschauen und aussprechen, dieser Jude hat nicht nur ihre Sympathie, sondern auch ihr Vertrauen gewonnen: Er weiß alles, das ist ihr ganz klar, aber er verurteilt sie dennoch nicht. Er nimmt sie an, er tröstet sie, bei ihm kann sie alles loslassen, er hält sie in seinen Armen. Immer und ewig.

Wir dürfen annehmen, dass Jesus ihr Zeit ließ, alles auszusprechen, was sie endlich loswerden wollte. Und sie konnte die Peinlichkeiten und Unehrlichkeiten, alles Habenwollen ihres Lebens herauslassen, es war weg. Endlich. Für immer. Und er hielt sie dennoch bei sich. Aber dieses Sich-einander-Öffnen und Sich-Halten gehörte nur ihnen beiden.

Was immer die Frau hinterher dem Johannes von diesem Gespräch mitgeteilt hat – dieses Persönliche hat sie nicht erzählt. Und Johannes hat verstanden, dass all das nicht in die Öffentlichkeit des Evangeliums gehörte. So manches, das ist meine Überzeugung, haben Evangelisten von den Erstpersonen selber erfahren, etwa Lukas von Maria, der

---

[1] „Herr, ich sehe, dass du ein Prophet bist. Unsere Väter haben auf diesem Berg Gott angebetet, ihr aber sagt, in Jerusalem sei die Stätte, wo man anbeten muss ..." (Joh 4,19ff).

Mutter, über die Verkündigung und die Geburt, und Lukas und Johannes über gewisse Begegnungen direkt von der sogenannten Magdalenerin, die aus Bethanien stammte.

Kehren wir zurück zum Brunnen. Am Ende hat die Frau noch einmal tief und frei durchgeatmet. Keine Last lag mehr auf ihr. Sie hat die letzten Tränen weggewischt und dann diesen wunderbaren Mann, der alles verstand, angeschaut und gesagt: Ich habe da noch eine Frage, die mich seit meiner Kindheit bewegt, die ich aber niemandem stellen kann. Alle lachen mich nur aus. Du wirst mich nicht auslachen, deswegen kann ich sie dir stellen ... – Es geht um das erwähnte theologische Thema:

„Herr, ich sehe, du bist ein Prophet. Unsere Väter haben auf diesem Berg angebetet ...", und sie schaute hinauf zum Garizim, „ ... aber ihr sagt, in Jerusalem sei die Stätte, wo man anbeten muss."

In unserer heutigen gesellschaftlichen Situation würde man einfacher sagen: Was ist die wahre Religion? Meine oder deine? Eine Frage, die uns in unserem Jahrhundert noch vielfach und dramatisch beschäftigen und aufregen wird. Nicht wenige weichen ihr aus und sagen: „Ach, wir glauben ja doch alle an denselben Gott ..." Das ist keine Antwort, sondern Gleichgültigkeit, die sich durch Denkfaulheit und Fehlen von Argumenten zu erkennen gibt. Gleichgültigkeit ist die Krankheit unserer Zeit. Die Alternative ist nicht Fundamentalismus, denn auch dieser verzichtet auf Denken und Argumente. Die Alternative ist das Tun des Guten, der Liebe, der Barmherzigkeit, dort wachsen Antworten.

Es wird schnell klar, dass die Frau diese Frage, die tiefste und schönste ihres Lebens, niemandem hatte stellen können: Hätte sie einen ihrer samaritischen Priester gefragt, hätte der ihr wohl eine schallende Ohrfeige verabreicht, wie sie dazu komme, ihre Religion in Frage zu stellen! Und hätte sie einen Juden gefragt, hätte der sie nur ausgelacht – seine Antwort brauchte sie gar nicht erst abzuwarten.

In keiner Religion könnte gesagt werden: Unsere Religion ist nicht die wahre! Aber zu sagen: „Unsere Religion ist die wahre!", das mag richtig sein, doch es ist meist wenig hilfreich.

Worte helfen nicht weiter, nur das Tun der Liebe.

Jeder Mensch trägt in sich tiefe, allertiefste Fragen. Nicht selten wird am Ende von Exerzitien eine leise Frage gestellt, manchmal auch von alten Pfarrern: Gibt es Gott wirklich? Ist Jesus wirklich auferstanden? Ist er in der Eucharistie wirklich gegenwärtig? Das sind wunderbare Fragen, und sie können gut beantwortet werden. Oft sind es nämlich Fragen und Zweifel, die uns in der Erkenntnis voranbringen. Allerdings muss man die Fragen aussprechen und den suchen und finden, der bei der Suche nach einer Antwort behilflich sein kann. Das wird stets ein Mensch sein, der meine Sympathie gewonnen hat, bei dem ich Wissen ahne und dem ich vertraue. Dem ich vertrauen kann, dass er mir diese grundlegende Frage nicht übel nimmt, dass er mich nicht auslachen, sondern im Gegenteil sich darüber freuen wird und mit mir auf die Suche geht nach der Antwort des Lebens.

Die Frau hat dieses Vertrauen: Dieser Jude, der so viel weiß, den kann ich fragen, und der wird mir die Frage nicht übel nehmen, er wird mich weder auslachen noch seine angelernte Tradition hervorholen und altbekannte Sätze wiederholen. Nein, er wird mir die Wahrheit sagen. – Und genau das tut Jesus.

„Glaube mir, Frau, es kommt die Stunde, zu der ihr weder auf diesem Berg noch in Jerusalem den Vater anbeten werdet ..." (Joh 4,21). – Jesus redet sie mit dem Urwort der Schöpfung an, mit „Frau". Es scheint eines seiner Lieblingsworte zu sein. So wird er auch die Frau anreden, die hemmungslos über seinen Füßen weinen, sie salben und küssen wird: *Siehst du, Pharisäer, diese Frau?!* (Es ist Maria Magdalena!) Und unter dem Kreuz wird er seine Mutter so anreden: *Frau, siehe da, dein Sohn!* Und hier diese Frau. Es ist, als wollte Jesus keinen Unterschied machen zwischen Heiligen und Sündern, sie sind alle Geschöpfe des einen Vaters, einzigartige Menschen; die einen beschenkt er (und das ist ihre Rettung), die anderen rettet er (indem er sie beschenkt): So richtet Gott die Welt. Allen ist er gleichermaßen zugewandt. Auch dem, der sich außerhalb des „Gesetzes Gottes" gestellt hat (das nur allzu oft Gesetz von Menschen ist) und folglich die Gnade, die Nähe Gottes nicht verdient (wie Menschen meinen): auch, ja *gerade* dem bzw. der schenkt Gott seine Nähe, seine umfangende Zuwendung, ja, seinen Respekt: Frau!

Er bestätigt ihr Vertrauen: Ja, du kannst mir glauben. Das Vertrauen der Frau in Jesus ist begründet: Er hat nichts von ihr für sich gewollt, sondern er hat ihr etwas von sich gegeben, von neuem Leben, von der Zuwendung Gottes. Ohne jede Gegenforderung. Ohne Verurteilung trotz all seines Wissens über sie und ihr Leben. Ja, er weiß, was andere nicht wissen.

Und dann spricht er von der *Stunde*, die kommt. Und gleich darauf sagt er sogar, dass die Stunde schon da ist ... Nach jüdischer Tradition ist dies eine Anspielung auf das Kommen des Messias. „An jenem Tag gibt es einen prächtigen Weinberg ..." (Jes 27,2). „Seht, es kommen Tage – Spruch des Herrn –, da werde ich für David einen gerechten Spross erwecken" (Jer 23,5). Und jetzt sind es nicht nur Tage, jetzt ist die Stunde gekommen: eine der vielen „versteckten" messianischen Aussagen Jesu, des Nazoräers/Spross Davids, über sich selbst, die für jüdische Ohren offen liegen.

Was er jetzt von dieser „Stunde des Messias" sagt, ist umwerfend, ein Sturz des Systems: Weder auf diesem Berg werdet ihr Gott anbeten, noch auf unserem, dem Zion, wo das Heiligtum steht, über dem die Herrlichkeit Gottes thront ... Solch ein Satz im Munde eines Juden ist geradezu undenkbar, ist Gotteslästerung ersten Grades. Wären seine Jünger jetzt anwesend gewesen, sie wären davon gegangen: Mit dem nicht mehr! Das ist zu viel! Denn wenn sie schon darüber murren, dass er mit einer Frau, einer Samariterin spricht, dann würden sie erst recht aufschrecken, wenn er das Heiligtum in Jerusalem in Frage stellt, den Zion, von dem die Weisung kommt ...

Warum kann Jesus dieser Frau etwas sagen, was er seinen Jüngern nie und nimmer hätte sagen dürfen? Warum ist sie offen dafür, warum die Jünger nicht?

Die Frau hat in ihrem Leben, wie wir hörten, des Öfteren Gesetze übertreten, die als gottgegeben galten; sie war, so könnte man sagen, vertraut mit Übertretungen, mit nicht-gesetzeskonformem Verhalten. Deswegen war ihr dieser Jude Jesus sympathisch geworden. Und was er nun sagte, das war wiederum außerhalb der Normen, das war schrecklich unerlaubt, aber irgendwie schön, darin war Freiheit, Wahrheit, göttliche Weisheit ...

Die Jünger dagegen, so dürfen wir annehmen, lebten in der Mitte ihres Glaubens, hinter Mauern und Gesetzen, die das Richtige vom Falschen trennten. Je mehr man derart abgeschirmt in der Mitte lebt, desto unempfänglicher ist man für Neues, das nicht mit der Tradition übereinstimmt. Die an den „Rändern" leben, müssen täglich mit Neuem umgehen, erfahren die Weite der Erde und des Himmels und der Menschen. Die in der gesicherten, saturierten Mitte dagegen erleben vor allem sich selbst, hören von allen Seiten die eigenen, alten Gedanken.

Der Himmel ist auch hinter Mauern da, gewiss, aber man sieht nur einen kleinen Teil von ihm ...

Lebendiges Erkennen braucht beides, die Mitte und die Ränder, den unbeweglichen Stamm und die quirligen Blätter an den Enden der Äste. Jesus lebte in der Mitte *und* an den Rändern, er saß mit Sündern am Tisch *und* mit religiösen Führern, er nannte Gott seinen Vater *und* brach den Sabbat, er war Jude *und* liebte die Heiden – aber mit Heiden und Sündern, so scheint es, konnte Jesus leichter kommunizieren als mit religiösen Führern.

Etwas von dieser Weite muss die Frau in ihm gespürt haben – und diese Weite gefiel ihr. Für diese Weite war sie offen und empfänglich. Ihr also konnte Jesus das Neue sagen, die Jünger dagegen brauchten dazu noch etliche Jahre, so etwa Petrus, der sich strikt weigerte, Unreines zu essen. Auch als es ihm dreimal vom Himmel angeboten wurde. Erst als er vor der Türschwelle des heidnischen Hauptmanns stand, da begriff er und schritt über die Grenze hinweg (Apg 10f). Er brach das Gesetz, um der größeren Liebe und Weite jenes Himmels willen, der über allen lacht, Sündern wie Frommen, Bösen und Guten.

Die Frau, die Sünderin, war schon jetzt eine Freundin dieser Freiheit und Weite des Himmels. Zu diesem Himmel haben alle Zugang.

Es ist zu beachten, dass Jesus nicht sagt, „Ihr werdet *Gott* anbeten", sondern: *„den Vater"*. Gott wird gekennzeichnet als jemand, der für die Seinen sorgt, wie das von jedem guten Vater gilt. Selig die Menschen, die sich an einen solchen Vater erinnern können und ihn zeitlebens in sich tragen. Indem Jesus von Gott als Vater spricht, gibt er Gott ein „Gesicht", und er stellt ihn als ein Wesen der Beziehung, der schenkenden Beziehung dar. Gott ist kein „Wachtmeister", sondern ein mütterlich Schenkender. Vielleicht brauchte die Frau gerade solch einen Vater, um zerstörerischen Erinnerungen an den eigenen Vater (oder auch die Mutter?) ihre Macht zu nehmen? Und ganz gewiss lässt Jesus in diesem Wort etwas vom Innersten seiner eigenen Beziehung zum „Vater, den nur der Sohn kennt", aufstrahlen.

Den Vater anbeten … Das griechische Verb *proskynéō* bedeutet „fußfällig verehren", anbeten. Es wird im Gespräch Jesu mit der Frau neunmal gebraucht (will „Anbeten" damit den neun Seligpreisungen entsprechen?), so oft in nur fünf

Sätzen wie nirgendwo sonst in den Evangelien. Auch die *Magoi*, die den neugeborenen König in Jerusalem suchen, sind gekommen, ihn „anzubeten", kniefällig zu verehren.

Diese Form, einem anderen Respekt zu erweisen, scheint uns in unserer westlichen Welt fast völlig abhandengekommen, hier bewegen wir uns mit jedermann „auf Augenhöhe" und klopfen den anderen kumpelhaft auf die Schulter ... Das hat in so mancher Begegnung seine Berechtigung, könnte aber – auch wenn der Gedanke für uns Menschen der Gegenwart fremd erscheint – in einigen wenigen, wohl begründeten und selbst-entschiedenen (!) Fällen ein Verlust sein, ein Verlust von Respekt, von Würde und Anerkennung. Man beachte etwa, dass der Papst sich vor jedem Flüchtling, dem er die Hand reichte, leicht verneigt hat – manchen in seinem Gefolge vermutlich ein Verlust an Heiligkeit, in Wirklichkeit der Ausdruck von Heiligkeit, denn der heilige Gott hat Respekt vor dem Menschen, vor jedem Menschen. Auch vor dem Fremden. Auch vor dem Sünder. Respekt und Ehrfurcht, auch vor dieser Frau.

Der folgende Satz scheint sie dagegen abzukanzeln, aber das scheint nur so: „Ihr betet an, was ihr nicht kennt, wir beten an, was wir kennen; denn das Heil kommt von den Juden" (Joh 4,22). Ich verstehe diese Worte wieder als Mitteilung von Fakten: Der geschichtliche Weg der Verheißung Gottes, seines Heiles für alle Menschen, ging und geht über die Juden, nicht über die Samariter. Über die Juden, auch wenn sie in ihrer Geschichte viele Zusammenbrüche hinnehmen mussten, die ihre Propheten beklagt haben. Aber Gott blieb diesem Weg treu: „Das Heil kommt von den Juden" – welch ein wunderbares Wort! Aber, auch das steckt in diesem Wort: Es ist nicht begrenzt auf die Juden – wie das Wasser, das aus dem Brunnen kommt, nicht auf diesen begrenzt ist.

„Aber die Stunde kommt, und sie ist schon da, zu der die wahren Anbeter den Vater anbeten werden im Geist und in der Wahrheit; denn so will der Vater angebetet werden. Gott ist Geist, und alle, die ihn anbeten, müssen im Geist und in der Wahrheit anbeten" (Joh 4,23f).

Wen meint Jesus mit den „wahren Anbetern"? Und wie müsste man ihr Gegenteil benennen? Sind es Lügner, Sich-selbst-Betrügende, Täuscher? Oder sollen diejenigen, „die wirklich Gott anbeten", von Menschen abgegrenzt werden, die Gott nur zum Schein anbeten – und in Wirklichkeit sich selbst ehren, selbstgemachten Göttern huldigen?

Hört man genau hin, gibt Jesus uns ein Unterscheidungskriterium an die Hand: Die wahren Anbeter beten Gott „im Geist und in der Wahrheit" an. Es könnte wohl sein, dass Jesus sich hier der Tempelkritik seines großen Freundes Jesaja anschließt, der schon 700 Jahre vor ihm gegen veräußerlichte Tempelrituale gewettert hatte: „Was soll ich mit euren vielen Schlachtopfern ..., das Fett eurer Rinder habe ich satt ..., das Blut der Stiere, Lämmer und Böcke ist mir zuwider ..., bringt mir nicht länger sinnlose Gaben, Rauchopfer, die mir ein Gräuel sind ... Wascht euch, reinigt euch, lernt Gutes zu tun, sorgt für das Recht, helft den Unterdrückten ..." (Jes 1,11–17). Nach Jesaja ist die Echtheit von Tempelritualen offensichtlich am „schenkenden Füreinander", vor allem für die Armen, zu erkennen.

Die wirklich Gott anbeten, die beten ihn an „im Geist und in der Wahrheit". Was könnte das bedeuten? Unter Geist/*pneuma* ist Beziehung zu verstehen, jene schenkende Beziehung, die im dreifaltigen Gott herrscht – Gott ist Geist, Gott ist schenkende Beziehung, das ist sein Wesen. Barmherzigkeit, Liebe – das sind Begriffe für schenkende Beziehung, schenkendes Füreinander. Und Wahrheit? Es geht um die Wahrheit, wie Gott wirklich ist und wer der Mensch für Gott wirklich ist. Jesus verwirft all jene Konstrukte, mit denen Menschen aus Gott und aus dem Menschen das gemacht haben, was ihnen passt. Denn der Mensch ist und bleibt das Geschöpf dieses mütterlichen Vaters, und Gott ist der, der für diesen Menschen alles hergibt, sogar sich selbst, um jeden Menschen zu retten.

Gott anbeten im Geist, das bedeutet vielleicht: ihn anerkennen und verherrlichen in schenkender Beziehung. Wo Menschen so leben, da geschieht Anbetung, da wird der Sinn der Schöpfung erfüllt. *Gott anbeten in der Wahrheit* könnte beinhalten, im Sinne Jesu zu leben, der von sich sagt: „Ich bin der Weg, die Wahrheit und das Leben" ... und: „Jeder, der aus der Wahrheit ist, hört auf meine Stimme." Wer den Menschen in die Mitte stellt, wer dem Nächsten rechtzeitig gibt, was der zum Leben braucht, der ist in der Wahrheit, die der Vater in diese Welt hineingestiftet hat. Am Ende wird Jesus ein einfaches, überaus kurzes neues Gebot geben: „Liebt einander!" Wer danach handelt, betet Gott an im Geist und in der Wahrheit.

Man kann wohl sagen, dass Jesus bei der Frau erneut eine Art Tempelaustreibung vornimmt, ein falsches Gottesbild hinaustreibt, das anerzogenem Denken entstammt: Gott ist nicht so, wie du bisher gedacht hast, denken solltest, worunter du gelitten hast – Gott ist anders. Ganz anders. Er liebt dich, so wie du geworden bist und jetzt vor ihm, vor mir stehst. Mit all deinen Wunden und Fehlern, mit all dem, was dir missglückt und was dir geglückt ist und was du Gutes getan hast – er liebt dich einfach.

Ganz und gar. Ohne Ende.

Die Frau steht still da. Ihr Herz bebt. Ihre Lippen zittern. Ihr Verstand kommt nicht mit. Aber die Seele jubelt und ist wie gelähmt zugleich.

Das ist es!

Das ist es, was sie immer hören wollte, nie glauben konnte. Das ist es, was ihre Seele befreit.

Jesus gibt ihr Zeit. Er freut sich, da er sehen kann, wie seine Worte in diesem Menschen ankommen, das Leben tränken, Samen der Freude ausstreuen, die alles übersteigen, was Freude ist.

Dann kann die Frau wieder reden; leise, zitternd sagt sie: „Ich weiß, dass Messias (sic!) kommt, der genannt wird ‚Der Gesalbte'. Wenn er kommt, wird er uns alles verkünden ..." – und mir ist so, als hättest du mir jetzt alles, alles verkündet und alles gesagt, und als wüsste ich jetzt alles. Und kann es doch nicht fassen, nicht wiedergeben ... Aber dann, wenn das so ist, dann – wer bist dann du?! Bist du dann der, der ...?

Johannes, der Evangelist, hat uns in diesen Zeilen eine Kostbarkeit übermittelt, die so verborgen ist, dass sie übersehen wird. Auch die Einheitsübersetzung und die Lutherbibel haben sie übersehen. Da steht nämlich im Griechischen das Wort „*hoti Messías erchetai*" – „dass Messias kommt". Im Griechischen steht kein Artikel; da heißt es nicht: „dass *der* Messias kommt". Dies ist die einzige Stelle im ganzen Neuen Testament, wo das Wort Messias ohne Artikel gebraucht wird. Das schien den Übersetzern ein Fehler zu sein, den sie der Unachtsamkeit des Evangelisten zuschrieben.

Aber der war nicht unachtsam!

Im Gegenteil: Er war sehr, sehr genau!

Er hat genau den Originalton wiedergegeben, den die Frau dem Johannes später im Dorf mitgeteilt hat. Denn man muss fragen: In welcher Sprache haben die beiden miteinander gesprochen? Gewiss nicht auf Griechisch. Dann auf Aramäisch oder Samaritanisch? Beide Sprachen unterscheiden sich voneinander vor allem in der theologischen Begrifflichkeit; so heißt „der Gesalbte" bei den Juden „*ha mašîah*"/griech.: „*ho Messías*", bei den Samaritern aber „*Taeb*"/Wiederkommender – und diesen Begriff formulierten sie ohne Artikel!

Dem hat sich der Evangelist angepasst und entgegen dem griechischen Sprachgebrauch hier, und nur hier, den Artikel weggelassen. Weil er das Samaritanische wiedergeben wollte.

Wir hören Originalton! Alles ist so geschehen, wie hier geschrieben.

Und nun folgt die Erfüllung der *Communio*. Eine Gemeinschaft, eine Einheit, wie sie tiefer für Menschen kaum gefasst werden kann: „Ich bin es, ich, der mit dir spricht."

Gott schenkt seine *Communio*, seine Einheit, nicht weil

ein Mensch sie verdient hätte, sondern weil er sie braucht. Und weil Gott beschenken will, das ist sein Wesen. Sünder mehr als Gerechte. „Ich bin gekommen, die Sünder zu rufen, nicht die Gerechten" (Mt 9,13). In seinem Brief an die Römer nimmt Paulus diese Offenbarung, diese Worte auf und schreibt: „Die aber, die er vorausbestimmt hat, hat er auch berufen (er gebraucht dasselbe Wort wie Matthäus!), und die er berufen hat, hat er auch gerecht gemacht, die er aber gerecht gemacht hat, die hat er auch verherrlicht" (Röm 8,30).

Die sechsmal wiederverheiratet Geschiedene ist verherrlicht, weil Gott sie beschenken will!

Es kommt aber noch etwas. Ich bin mir nicht sicher, ob der Evangelist sich dessen nicht auch bewusst war. Denn was nun passierte und was er genau aufgeschrieben hat, ist der „erste Emmausgang".

Während Archelæa noch wie starr ist vor seligem Glück, kommen die Männer zurück. Lärm erfüllt den Ort, alltägliches Geschwätz, auch Gemurmel über das, was sie da sehen, dass ihr Meister mit einer Frau, mit solch einer sprach. Aber da war etwas, das sie daran hinderte, gehässige Worte laut auszusprechen. Doch die Frau spürt, der Raum der Gegenwart des Göttlichen ist gestört und verunstaltet – und sie läuft davon. Läuft davon ohne ihren Wasserkrug! Das, weshalb sie gekommen war, das hatte seine Bedeutung verloren, das war nicht mehr nötig, ihr Durst war gestillt. Die Quelle war tatsächlich in ihr aufgebrochen.

So etwas gibt es wirklich. Die Gabe des Geistes vermag die Bedürfnisse der Natur zu erfüllen, zu stillen, wenigstens eine Zeitlang. Auch Jesu natürlicher Hunger ist, wie er gleich darauf den Jüngern sagen wird, vergangen durch das Geschehen des Geistes.[2]

Zwei Jahre später werden Kleopas und sein Freund den Meister, den Auferstandenen, erkennen an der Art und Weise, „wie" er das Brot brach. Und sie werden sich bewusst, dass ihr Herz brannte, als er ihnen den Sinn der Schrift erschloss. Hier ist das Gleiche geschehen: Das Herz der Frau brannte, brannte immer mehr, als der Fremde ihr den Sinn ihres Lebens erschloss. Alles war gut. Und so, wie später die Emmausjünger zurücklaufen werden, alle Müdigkeit der Natur überwindend, so läuft sie nun zurück, da aller Durst gestillt ist. Die Jünger laufen zurück zu ihrer Gemeinschaft, der sie gerade den Rücken gekehrt hatten; die Frau läuft zurück zu ihrer Dorfgemeinschaft, die sie ausgeschlossen hatte – und sie selbst kann jetzt *Communio* weitergeben, eine Verbindung zu Jesus schaffen. Sie geht zu den Leuten und sagt: „Da ist ein Mann, der mir alles gesagt hat, was ich getan habe" ... Das klingt wie ein öffentliches Sündenbekenntnis. Aber was Sünde war, ist ihr zur Gnade geworden, Gericht zur Einheit mit Gott. Ihre Sünde hat ihr geholfen, ihren Erlöser zu finden.

Gott wird alles dazu nutzen, dass der Mensch ihn finde – und er wird sein Herz entflammen.

Wo *Communio* geschieht, ist Auferstehung.

---

[2] „Währenddessen drängten ihn seine Jünger: Rabbi, iss! Er aber sagte zu ihnen: Ich lebe von einer Speise, die ihr nicht kennt. Da sagten die Jünger zueinander: Hat ihm jemand zu essen gebracht? Jesus sprach zu ihnen: Meine Speise ist es, den Willen dessen zu tun, der mich gesandt hat ..." (Joh 4,31–34).

Im Hades – oder:
Wie durch Feuer hindurch

Johannes der Evangelist hat uns an der einzigartigen Begegnung Jesu mit der Frau, einer in den Augen der Menschen ihres „Dorfes der Ungläubigen" großen Sünderin teilnehmen lassen, einer Begegnung, die zur *Communio* wurde: tiefe Gemeinschaft, Einheit. Ob Judas dabei war?

Denn wenn Judas unter den Jüngern war, die aus dem Dorf Sychar zum Brunnen zurückkehrten, dann hat er die Samariterin gesehen. Und sie ihn. Was mögen sie in dieser gemeinsam erlebten Situation voneinander erahnt, vielleicht sogar verstanden haben? – Sie war von der Last ihres Lebens befreit durch die *Communio* mit dem Heiligen, die ihr geschenkt worden war. Er, Judas, lebte in der *Communio* mit dem Heiligen Gottes, nutzte sie jedoch nicht, um sich der Triebe und Impulse, die ihn untergründig bestimmten und zu Sünden führen konnten, bewusst zu werden und sich von Jesus beschenken zu lassen. Oder empfand er seine Gedanken und Absichten zu diesem Zeitpunkt noch gar nicht als widergöttlich?

Wie viele Menschen leben „Wand an Wand" mit Gott oder gehen täglich an Kirchen vorbei und nutzen die geschenkte Nähe des Heiligen und Barmherzigen nicht, um ihre Seele und deren Triebe zu klären, zu unterscheiden, bis wirklich der Geist Gottes sie bestimmen kann.

Was wird dann mit einem Menschen, der die Tage seines Lebens nicht nutzt, um das Dunkle in sich wahrzunehmen und es wandeln zu lassen in Licht? Der auch in der letzten Stunde Gott noch ablehnt? Wird Gott, wie immer wieder gesagt wird, unsere „Freiheit", die ja von ihm kommt, dann „respektieren" und diesen Menschen in die Hölle fahren lassen, wie immer wieder gesagt wird?

Am Brunnen von Sychar haben wir einen überaus milden, gütigen, heilenden Jesus erlebt, der den Sünder annimmt und die Sünde in Heil wandelt; wir erlebten ein Geschehen in historischer Realität mit vielen stimmigen Details. Aber präsentieren uns die Seiten der Evangelien nicht auch einen ganz anderen, einen die Vernichtung ankündigenden Jesus? Einen, der mit der Hölle droht? Einem bewussten Leser der Heiligen Schrift muss es an manchen Stellen vorkommen, als habe Jesus die scharfe Axt seines Freundes, des Täufers Johannes (Lk 3,9), in die eigenen Hände genommen und als schwinge er sie nun seinerseits vernichtend rundum, als schleudere er gewissenlose Egoisten ins ewige Feuer der Hölle.

Schauen wir uns einige Stellen, an denen Jesus deutlich von „Hölle" spricht, genauer an (dabei beschränke ich mich auf das, was für dieses Büchlein hilfreich ist).

Da muss gleich zu Beginn etwas klargestellt werden: Jesus hat nie von „Hölle" gesprochen – aus einem selbstverständlichen Grund: weil er nicht Deutsch sprach. Stattdessen hat er drei andere Begriffe seiner Zeit (und diese dann in seiner Sprache) benutzt: entweder *Hades* oder *Abyssus* oder *Gehenna*.

Erstens *Hades*: Das ist das griechische Wort für „Reich des Todes" (hebräisch *scheol*); das darf man nicht mit „Hölle" übersetzen, denn aus dem „Reich des Todes" konnte man nach damaligem Denken wieder herauskommen (vgl. etwa Tob 13,2; Offb 1,18). Unsere Kirche hat die frühere Formulierung des Credo „hinabgestiegen in die Hölle" seit dem Konzil endlich richtig übersetzt mit „hinabgestiegen in das Reich des Todes", was das lateinische *ad inferos* auch bedeutet, womit das griechische *eis haden* korrekt wiedergegeben wird. Aus dem „Reich des Todes" also gibt es eine Wiederkehr, wie wir schon im Alten Testament lesen können: „Du führst hinab in das Reich des Todes und führst wieder herauf" (1 Sam 2,6) – genau das hat Jesus, der Auferstandene, auch mit denen im Reich des Todes getan: Er hat sie mit sich geführt in seine Herrlichkeit.

Aus der „Hölle" dagegen, wie sie üblicherweise definiert wird, gibt es keine Wiederkehr. Deshalb besteht zwischen „Hölle" und „Reich des Todes" ein „himmelweiter" Unterschied. Außerdem steht hinter beiden Begriffen ein höchst unterschiedliches Gottesbild: Einmal wäre Gott der, der eine Todesstrafe in grauslicher Pein ohne Ende ausspricht (wo wir Menschen doch heute dabei sind, die Todesstrafe abzuschaffen), das andere Mal ist er der, der retten will, wenn auch „wie durch Feuer hindurch". Was das bedeutet, werden wir noch sehen.

Zweitens *Abyssus*: Das Wort meint eigentlich „Abgrund", manche Bibeln übersetzen auch dies Wort mit „Hölle". Das ist falsch.

Drittens *Gehenna*: Dieses Wort ist abgeleitet vom hebräischen „*Ben Hinnom*" und meint das Tal der „Söhne des Hinnom", das vielfach im Alten Testament erwähnt wird (etwa Jer 32,35). Dieses Tal zieht sich vom Westen Jerusalems bis zum tiefsten Punkt im Süden um die Stadt herum. 600 Jahre vor Jesus wurden dort noch Menschen im Feuer dem Baal geopfert; zur Zeit Jesu diente es als Müllhalde und Kloake Jerusalems, seiner 35 000 Einwohner und 120 000 Festpilger: Wasser und Wässerlein flossen von selbst dorthin bergab, alle anderen Abfälle konnte man an dem grässlichen Ort ebenfalls entsorgen. Die Gase dieser Müllhalde entzündeten sich, sodass sie ständig vor sich hinkokelte. Da haben wir das „Feuer, das nie erlischt", und den Ort, „wo der Wurm nicht stirbt" – denn ohne Zweifel tummelten sich dort alle möglichen Tiere und suchten im Schmutz nach Fressbarem.

Wenn in den Evangelien öfter vom „ewigen" Feuer die Rede ist, so muss man auch hier das Griechische befragen: Bei Matthäus steht meistens das Wörtchen „*aiōn*", von ihm leitet sich unser deutsches Wort „Äon" her, das „eine lange Zeit" bedeutet. So übersetzt die Bibel z. B. die Stelle, wo es heißt: „die Ernte ist das Ende der *aiōnos*" nicht mit „Ewigkeit" (das wäre ja Unsinn), sondern korrekt mit „Welt", also „einer langen Zeit". Das bedeutet: Wir müssen überall, wo wir im Deutschen „ewig" lesen, vorsichtig sein, ob nicht im

Griechischen eher eine „lange Zeit" gemeint ist. Und statt „Hölle" sollten wir besser „Gehenna" sagen – und dieses Wort erklären. (Aus „Gehenna" ist in der folgenden Entwicklung dann tatsächlich „Hölle" geworden, mit der ganz neuen Bedeutung „ewige Verdammung zur Strafe in nie endenden Qualen", eine Vorstellung, für die es zur Zeit Jesu noch kein Wort gab.)

Es kommt etwas Zweites hinzu, das man unbedingt beachten muss: Die meisten Textstellen, die (in den Übersetzungen) von Hölle und ewigem Feuer sprechen, finden sich beim Evangelisten Matthäus. Sofort muss die Frage gestellt werden: Warum so einseitig bei ihm? Warum nicht gleichmäßig bei allen vier Evangelisten, wenn doch solche Worte wirklich von Jesus selbst stammen? Die wenigsten Worte über strafendes Gericht liest man bei Markus und im Johannes-Evangelium; auch hier gilt zu fragen, wie das zu erklären ist.

Eine erste Erhellung dieser Fragen findet man, wenn man nach der zeitlichen und örtlichen Entstehung der Evangelien fragt. Nach der unter den Exegeten bis heute vorherrschenden Auffassung sind sie allesamt nach dem Jahr 70, dem Jahr der Zerstörung Jerusalems durch die vier Legionen des römischen Feldherrn Titus, entstanden; zuerst Markus, dann Mitte der Achtzigerjahre Matthäus und Lukas, später noch Johannes. In welchem Gebiet, in welcher „Gemeinde", unter welchen Umständen sie entstanden sein sollen, wer diese sogenannten „Evangelisten" gewesen seien, darauf weiß diese Forschung nur schwache Hypothesen vorzulegen – und ist sich dessen bewusst.

Es gibt aber eine uralte Überlieferung der ersten Christen (Bischof Papias von Hierapolis, um 100, zitiert bei Eusebios von Caesarea), auf die sich die nachfolgenden Ausführungen gründen und beziehen:

Demnach wurde das Markus-Evangelium von Petrus nach dessen Flucht aus Jerusalem in Rom seinem Dolmetscher Markus diktiert, etwa Mitte der Vierzigerjahre. Zur gleichen Zeit begann m. E. in Jerusalem der ehemalige Zöllner Levi-Matthäus sein Evangelium zu schreiben, wozu er schon existierende Schriften, seine persönliche Erfahrung und Mitteilungen aus den Gemeinden benutzen konnte. Etwa zu Beginn der Fünfzigerjahre begann der ehemalige Heide und Arzt Lukas sein Evangelium zu schreiben, vermutlich in Antiochia; er kannte schon Markus und auch Matthäus, dazu andere Quellschriften; ferner machte er „Interviews" in den Gemeinden und besuchte die Mutter Maria und Maria Magdalena und Paulus und den Jünger Johannes im Raum Ephesus. Sein Evangelium schrieb er jedoch für eine Leserschaft aus dem Römischen Reich; deswegen ließ er speziell Jüdisches heraus. Schließlich, vielleicht zu Beginn der Sechzigerjahre, schrieb der Lieblingsjünger Johannes sein Evangelium, wobei er nicht ein viertes Mal wiederholte, was die anderen drei schon festgehalten hatten. Er schrieb wohl ebenfalls in Ephesus, in einer Metropole der vielen Religionen und Kulturen vor einem großstädtischen Publikum, das mit Judäa und der Zeit Jesu nur noch wenig Beziehung hatte und sich schwer tat, zu „glauben".

Sollte sich diese Annahme, die sich m. E. überraschend gut begründen lässt, als weitgehend wahr erweisen, dann ergibt sich: Nur Matthäus hat als Jude für Juden in Judäa, wohl gar in Jerusalem geschrieben; und zwar zunächst auf Aramäisch. Dieses starke jüdische Umfeld legt die Vermutung nahe, dass jüdisch-gesetzhaftes Gedankengut in sein Evangelium eingefügt worden sein könnte. Jerusalem war die Hochburg der Gesetzestreuen. Aus diesem Grund können so viele Hervorhebungen der mosaischen Tora (die es in den anderen Evangelien nicht gibt) und typisch jüdische Redewendungen in sein Evangelium Eingang gefunden haben.

Damit hätten wir einen ersten, historisch gut belegten Grund aufgedeckt, warum das Evangelium des Matthäus sich mit seinen Reden von „Hölle" bzw. *Gehenna* und ewigem Feuer so deutlich von den anderen Evangelien unterscheidet. Kommen diese Reden vielleicht aus jüdischem Umfeld?

Ein Zweites kommt hinzu: Die Forschung kennt schon seit Langem jüdische sog. apokalyptisch-eschatologische Literatur, die über viele Jahrhunderte, auch noch im Jahrhundert Jesu, in Palästina entstanden war, überwiegend unter Essenern, und die in Israel mit großem Einfluss auf religiöses Denken zirkulierte. In dieser Literaturgattung wurde auf vielfache Weise, stark spekulativ und für uns kaum nachvollziehbar, sowohl nachgedacht als auch vorhergesagt, wie wohl das Ende der Welt kommen und was dann alles geschehen werde.

Im Mittelpunkt dieser „Visionen" vom Ende der Welt standen Vorstellungen und teilweise phantastische Entwürfe vom „Gericht", von der *krisis*. Sie stimmten überwiegend darin überein, dass alle Heiden in die *Gehenna* kommen und genauso alle Sünder, die sich ja ebenfalls nicht an die Tora hielten. Zudem herrschte die Überzeugung vor, dass zuerst all diese Heiden und Sünder in die *Gehenna* befördert werden müssten; erst danach würde der Messias bzw. würde das neue Reich für Israel kommen.

In diesen eschatologischen Kreisen mit ihrer Literatur taucht nun regelmäßig die Wendung auf: „ ... und werden in die äußerste Finsternis geworfen/in den Ofen, wo das Feuer brennt, dort werden sie heulen und mit den Zähnen knirschen." Genau diese Redewendung aber findet sich bei Matthäus gleich sechsmal (8,12; 13,42; 13,50; 22,13; 24,51; 25,30), und zwar, abgesehen von einer einzigen Parallelstelle in Lk 13,28, nur bei ihm! Diese Varianten belegen einen reichen mündlichen Gebrauch der Redewendung im damaligen jüdischen (!) Umfeld.

Die Frage stellt sich: Sprechen Matthäus oder Jesus selbst hier von „Jüngstem Gericht" und von „Hölle" oder ist diese Redewendung aus jüdisch-apokalyptischen Kreisen in das Evangelium des Matthäus hineingeraten?

Es könnte auch sein, dass Jesus eine zu seiner Zeit in Judäa geläufige Redewendung gebraucht, aber zu ganz anderem Ziel eingesetzt hat. Wie etwa in Mt 8,12: Hier „befördert" er nicht die Heiden und Sünder in den Feuerofen, sondern die religiösen Führer – und stellt damit das übliche Denken auf den Kopf.

Denn mindestens in zwei wesentlichen Punkten unterscheidet sich der Jude Jesus grundsätzlich von diesen apokalyptisch-eschatologischen Auffassungen:

1. Er schickt Sünder nicht in die Gehenna, sondern er beruft Sünder in seine Nachfolge!

Er beschenkt sie mit Heil, lässt sie den Heiligen berühren, wandelt sie durch seine heilende Begegnung und verspricht ihnen das Paradies! (Der notwendige „Zwischenschritt" einer tiefgreifenden „Wandlung" der jeweiligen Person – wenn schon nicht durch den Menschen selbst möglich, so im Letzten durch Gottes eigenes Wirken – soll weiter unten noch dargelegt werden.) Er urteilt nicht nach dem, was sie (nach dem Gesetz) „verdient" hätten, sondern nach dem, was sie „brauchen". Das ist Barmherzigkeit.

Eine unerhörte Neuerung, geradezu ein radikaler Gegenentwurf zu allem, was in seiner Zeit geredet und gelehrt und geglaubt wurde.

Die Frau am Brunnen von Sychar hat diese Neuerung erfahren. Ob auch Judas sie erfahren wird?

2. Eine weitere Neuerung, die die Forschung gefunden hat, kommt hinzu: Einzig Jesus bringt ein grundsätzlich neues Modell auf dem Hintergrund all jener eschatologisch-apokalyptischen Entwürfe des Judentums zum Gerichtstag: Bei ihm müssen nicht zuerst alle Heiden und Sünder aus der Welt verschwinden, damit das neue Reich für Israel anbrechen kann, sondern er sagt:

„Das Reich Gottes ist schon mitten unter/zwischen euch!" (Lk 17,21). – Mitten im Alten, mitten in einer heidnischen, ungläubigen, sündigen Welt der Gewalt, mitten in einer Welt des Leids und des Todes; es ist schon da und wächst wie ein kleines Samenkorn.

Jemand, der so grundsätzlich anders denkt und handelt, der kann unmöglich die obigen Sätze von Gericht mit ewigem Feuer als seine eigene Botschaft bewusst verkündet haben. Entweder hat er nur „dem Volk aufs Maul" geschaut und dergleichen Metaphern zu einem anderen Ziel gebraucht (noch einmal Mt 8,12: Jene, von denen ihr es nie erwartet hättet, dass sie zum himmlischen Gastmahl hereinkommen, gerade die kommen in das Reich der Himmel – aber genau ihr, die ihr den Himmel schon fest im Terminkalender stehen habt, ihr fliegt hinaus in den Feuerofen!); oder er hat diese Redewendungen gar nicht selber gebraucht, ja vielleicht wurden sie dem Matthäus erst später von „Gesetzestreuen" in sein Evangelium hineingeschrieben.[3]

Natürlich sind damit noch nicht alle Stellen über das „Gericht" geklärt; das ist auch nicht die Absicht dieses Büchleins. Hier reicht zunächst die Feststellung, dass die „rabiatesten" Sprüche zu „Hölle" und ewigem Feuer in der Weise, wie wir sie heute lesen, unmöglich von Jesus (und kaum von Matthäus) selber stammen oder real so gemeint sein können.

Man reflektiere nur einmal den Aufruf Jesu zur Feindes-Liebe: „Liebt eure Feinde, betet für die, die euch verfolgen" (Mt 5,44) – das ist erwiesenermaßen weit mehr als nur bloßes Ertragen oder Verzeihen! Allein dieser Auftrag Jesu zur Feindesliebe reicht aus, um die Überzeugung mancher, dass die „Höllen"-Worte von Jesus selbst stammen können, ins

---

[3] So wahrscheinlich auch Mt 13,41f; 22,13f. – Siehe dazu mein Buch: Sentire Jesum – Jesus erspüren, Paderborn 2014.

Wanken geraten zu lassen, wenn nicht gar sie als unmöglich zu erkennen.

Aber es gibt noch andere Worte Jesu, in denen er von „Hölle" spricht (nach der falschen deutschen Übersetzung); wie sind diese Worte zu verstehen? Hier einige Beispiele.

Da heißt es etwa: Weh dir, Chorazin, weh dir Betsaida ... (Städte am See Genezaret, in denen Jesus Wunder gewirkt hat), Tyrus und Sidon (wo Jesus nicht gewirkt hat) wird es am Tag des Gerichts nicht so schlimm ergehen wie euch ... Und du, Kafarnaum, ... in die Unterwelt/*Hades* wirst du hinabgeworfen (Mt 11,20–24).[4]

Und weiter: Um der schlimmen Qual zu entgehen, sei es besser für dich, sagt Jesus, verstümmelt in das Leben zu gelangen, als mit zwei Händen (zwei Füßen, zwei Augen) in die Hölle/*Gehenna* zu kommen, in das nie erlöschende Feuer (Mt 5,29f) ... Nebenbei: Welche Schönheitsoperationen nehmen manche Menschen heute auf sich, um ein paar Jährchen länger faltenlos im Rampenlicht dieser Erde zu bleiben! Und welche künstlichen Glieder und Organe lassen wir uns nicht einsetzen, um ein paar Jahre zu gewinnen – hier aber geht es um das ewige Leben!

Ganz und gar beängstigend, weil ausschließend, klingt der Satz: „Berufen sind viele, auserwählt aber nur wenige" (Mt 22,14). Die Samariterin war nicht berufen, aber doch auserwählt und verherrlicht! Und Judas? War er „nur" be-

---

[4] Hier und an anderen Stellen bringt auch die neue Luther-Übersetzung noch „Hölle"; dagegen ist in Jes 14,9–15 vom „Totenreich" die Rede.

rufen? Unterschied Jesus jemals zwischen „berufen" und „auserwählen"? Oder gehört diese Redewendung vielleicht ebenfalls zum gesetzestreuen Judentum, das viele ausschloss?

Die von Jesus Auserwählten würden aus allen vier Windrichtungen zusammengeführt – wie wollten da die Bösen „dem Strafgericht der Hölle/*Gehenna* entgehen" (Mt 23,33)? Deshalb die Ermahnung an alle: Seid wachsam!

Am schlimmsten erklingen verdammende Worte Jesu im Gleichnis vom „Weltgericht": „Weg von mir, ihr Verfluchten, in das ewige/*aiōnion* Feuer, das für den Teufel und seine Engel bestimmt ist .... Und sie werden weggehen und die ewige/*aiōnion* Strafe erhalten" (Mt 25,41.46).

Erlauben wir uns einen kurzen Seitenblick auf den Evangelisten Johannes: Deutlich anders klingen Gerichtsworte bei ihm. Da heißt es: „Die das Gute getan haben, werden zum Leben auferstehen, die das Böse getan haben, zum Gericht/ *krisis*" (Joh 5,29); „Wer an ihn (den Sohn) glaubt, wird nicht gerichtet; wer nicht glaubt, ist schon gerichtet, weil er an den Namen des einzigen Sohnes Gottes nicht geglaubt hat" (Joh 3,18). Und dann wiederum sagt Jesus: „Gott hat seinen Sohn nicht in die Welt gesandt, damit er die Welt richtet, sondern damit die Welt durch ihn gerettet wird" (Joh 3,17).

Das Gericht Gottes, seine Gerechtigkeit besteht also letztlich im Retten, ist sein Erbarmen, das dem Menschen, dem Sünder gibt, was der braucht! Nicht, was er verdient hat. In diesem Gericht wird wohl vieles unangenehm und schmerzhaft zur Sprache kommen. Kommen müssen ... Um am Ende aber vom großen Erbarmer selbst umhüllt, gereinigt, gewandelt, erneuert zu werden. Denn *er* macht am Ende, in der Vollendung, „alles neu" (Offb 21,5). Alles!

Schließlich Jesu Rätselwort (Joh 9,39): „Um zu richten, bin ich in diese Welt gekommen: damit die Blinden sehend und die Sehenden blind werden." Es ist ein wundervolles Gericht, das Jesus uns in diesen Worten vorhersagt: Einmal mehr dreht er das bestehende Denken der religiösen Führer um: Die Blinden (sie galten als von Gott mit Blindheit gestrafte Sünder) sollen im Gericht, und das ist der gegenwärtige Jesus selbst(!), sehend werden. Das aber bedeutet: Die ihnen zugeschriebene oder tatsächliche Sünde wird ihnen genommen! Umgekehrt werden die Sehenden, die meinen, sie seien ohne Sünde, zu Blinden, also zu Sündern, die fern von Gott sind. Wenn sie aber somit zu den Blinden gehören, dann werden auch sie – über diesen „Umweg" – Sehende werden! Womit auch ihnen dann die Sünde im zweiten Schritt genommen ist. Denn im Letzten lässt Gott niemanden in Dunkelheit und Sünde: Jesus beruft ausdrücklich die Sünder, die fern von Gott sind wie die Samariterin, und rettet alle, die Barmherzigkeit brauchen.

In seinen Abschiedsreden sagt Jesus dann: „Gericht ist, dass der Herrscher dieser Welt gerichtet ist" (Joh 16,11). Wenn „diese Welt" gekennzeichnet ist durch das Ego/das Ich des Menschen, dann ist sie gerichtet durch das Du Gottes. Gerichtet im Sinne von überwunden.

Lassen wir alle drohenden Worte stehen und nehmen wir sie ernst, auch wenn sie mit Jesu gütigem Handeln an der Samariterin gar nicht übereinzustimmen scheinen. Sie müssen einen guten Sinn haben. Den gilt es zu finden.

Dabei ist immer auf den Sinn, die Bedeutung eines Wortes im jeweiligen Kultur- und Zeitraum zu achten: So hat z. B. Markus ein Wort Jesu gegen Petrus aufbewahrt, das nicht einmal Judas gehört hat: „Weg mit dir, Satan, du hast nicht das im Sinn, was Gott will, sondern was die Menschen wollen ...!" (Mk 8,33). Von Gott wie von einem Menschen zu denken, das scheint nach diesem Wort unseres Herrn eine „satanische" Sünde zu sein. Man erkennt hier, wie das Wort „Satan" damals metaphorisch gebraucht werden konnte, um etwas bzw. jemanden als unsagbar schlimm zu kennzeichnen.

Nehmen wir abschließend noch einen Vers hinzu, der sich im Alten Testament, in den Psalmen, findet: „Wenn der Herr kommt, um die Erde zu richten, richtet er den Erdkreis gerecht, die Nationen nach seiner Treue" (Ps 96,13). Gottes Gericht wird hier als seine Treue begriffen. Dahinter kann das Neue Testament nicht zurückbleiben.

Die Auswahl mag reichen. Die Forschung zählt noch zahlreiche weitere Worte Jesu auf, die sie zu seiner „Gerichtspredigt" rechnet. Der Gerichtsgedanke verleihe der Gottesherrschaft, um die es letztlich gehe, den nötigen Ernst, wird gesagt. Den möchte auch ich beibehalten. Aber worin besteht der?

Der ernste Sinn dieser drohenden Worte Jesu besteht in einer Warnung: Tut das nicht! Hütet euch davor! Denkt voraus! Seid nicht faul, sonst ...!

Der Zusammenhang ist leicht zu erkennen: Wenn ein Mensch einen anderen liebt und diesen in eine Gefahr laufen sieht, dann wird er ihn warnen, damit ihm kein Leid zustoße. Manchmal stoßen wir spontan einen Schreckensschrei aus, um einen anderen zu warnen. Jemanden nicht zu warnen, zeigt an, dass mir dieser Mensch nichts bedeutet.

All jene Worte Jesu, die wirklich von ihm sind und in denen er mit „ewigem Feuer" oder *„Gehenna"* und Ähnlichem droht, sind als Warnung zu verstehen, nicht als eine Verdammung, die tatsächlich einmal ausgeführt würde. Das ist ja auch nicht überraschend, wenn man bedenkt, dass Gott die Liebe ist, dass er also seine Geschöpfe retten will und wird: Wie könnte er sie nicht auch warnen, damit sie nicht noch größeres Leid zu erdulden haben als das, was sie jetzt schon zu tragen haben?!

Warnungen sind uns Menschen (es gibt sie natürlich auch unter Tieren) wohlbekannt. „Rauchen kann tödlich sein", heißt eine. Man könnte auch hinzufügen: „Autofahren ...." Wie sähe es in unseren Städten aus, gäbe es dort keine Warnschilder! Alles würde zusammenbrechen. Auf allen möglichen Verpackungen stehen Warnungen – und oft werden die möglichen Schäden aufgezählt. Bei Tabletten etwa. Die Warnung, die geliebte Katze nicht in der Mikrowelle zu trocknen, ist inzwischen bekannt.

Keine Frage: Ohne Warnungen würden wir Menschen nicht überleben. Nicht zu warnen, wäre in vielen Fällen nicht nur lieblos, sondern grob fahrlässig; es kann deshalb unter Umständen hohe Strafen nach sich ziehen.

Aber zur echten Warnung gehört noch etwas: Der Effekt, vor dem gewarnt wird, wie die Strafe, die angedroht ist, müssen bei Nichtbeachtung auch wirklich eintreten. Die Blitzer am Straßenrand oder die Mahnungen des Finanzministers funktionieren nur dann, wenn in diesem Fall tatsächlich eine Zahlungsaufforderung eintrifft bzw. das Finanzamt vor der Tür steht. Bekäme man heraus, dass die Blitzer nur Pappkästen sind, dass keine CDs mit Namen und Nummern existieren, verfehlte jede Warnung ihren Sinn und ihre Wirkung.

Es gibt Warnungen, die die ganze Menschheit betreffen: die Erwärmung unserer Atmosphäre etwa, oder die Verschmutzung der Meere, die Anhäufung von ABC-Waffen ... Wenn wir so weiterleben in egoistischem Saus und Braus, wenn wir weiter wegwerfen nach dem Wort „Nach mir die Sintflut", dann wird diese tatsächlich kommen und unsere Kinder fressen. Warnungen haben den Sinn, den Menschen zu retten. Im Guten ist der Mensch allzu oft leider nur schwer zu belehren ...

Kehren wir zurück zur Bibel.

Man überlege einmal, welchen Sinn Jesu Gleichnis von den sog. „törichten Jungfrauen" noch hätte, wenn diese am Ende genauso wie die vorausschauenden klugen in den Hochzeitssaal hineinkämen ... Das Gleichnis hätte allen Sinn verloren, seine Aussage wäre ins Gegenteil verkehrt: „Ob du richtig handelst oder falsch, ist egal ..."; es gliche einem laschen Luftballon, bei dem man den Knoten gelöst hat. Der Knoten muss sein! Die Alternative muss als falsch gebrandmarkt sein.

Oder denken wir an jenes harsche Gleichnis Jesu, wo die Schafe zur Rechten, also die Gerechten, das Reich Gottes in Besitz nehmen dürfen: Sollten die zur Linken, die die Werke der Barmherzigkeit nicht getan haben, etwa ebenfalls hineinkommen? Dann hätte Jesus das Gleichnis nicht zu erzählen brauchen, wenn das Verhalten des Menschen vor Gott völlig egal ist.

Es gehört also zur Erzählstruktur und -logik bei Gleichnissen unbedingt hinzu, dass die Seite, die es richtig gemacht hat, belohnt wird, die andere, die es falsch gemacht hat, bestraft wird. Sonst enthielte das Gleichnis keine Aussage.

Nun gibt es aber mindestens ein Gleichnis Jesu, in dem er schildert, dass das Verhalten des Menschen vor Gott tatsächlich nicht den letzten Ausschlag gibt, dass also auch der, der falsch gehandelt hat, merkwürdigerweise belohnt wird: das Gleichnis von den Arbeitern im Weinberg (Mt 20,1–16). In diesem erhält der, der am wenigsten gearbeitet hat (und Jesus deutet an, dass der Kerl ein fieser Faulenzer ist), genauso viel bekommt wie der, der am längsten geschuftet hat.[5] Wie ist das zu verstehen?

Bei einem Gleichnis Jesu ist erstens immer darauf zu achten, über wen oder über was der Herr in diesem Gleichnis etwas mitteilen will. Will er damit etwas über den Men-

---

[5] Man muss bei diesem Gleichnis unbedingt darauf achten, dass der von einigen Textzeugen am Ende hinzugefügte Satz: „Denn viele sind gerufen, aber nur wenige auserwählt", überhaupt nicht zum erzählten Gleichnis passt. Haben auch hier damalige Gesetzestreue aufs Heftigste protestiert gegen die Güte Gottes?

schen aussagen, wie der sich zu verhalten habe? Oder will es etwas über Gott und Gottes Reich aussagen, welches Verhalten dort herrscht? Zweitens ist zu beachten, wem Jesus dieses Gleichnis erzählt.

Im Gleichnis von den „Arbeitern im Weinberg" sind Jesu Gesprächspartner nicht ausdrücklich benannt, sondern „versteckt" in dem Satz herauszuhören, der das Thema zu mehreren Gleichnissen angibt: „So werden die Ersten die Letzten sein und die Letzten die Ersten" (Mt 19,30; 20,16). Denn eines ist klar: In der Wirklichkeit seines Tuns und Handelns hat Jesus niemanden verdammt, im Gegenteil: Er war immer darauf bedacht, zu retten. Die Sünder, die Bedürftigsten, die Letzten zuerst ..., und selbstverständlich, wenn auch zuletzt, die vermeintlich Ersten, die Gerechten.

Beim Gleichnis vom „Weltgericht" (Mt 25,31–46), das Matthäus uns überliefert hat und das nach meiner Überzeugung weitgehend auf Jesus selbst zurückgeht, führen diese Erkenntnisse zu folgendem Ergebnis:

Die Hauptaussage ist eine positive, dass nämlich diejenigen, die „das Gute getan haben", die sieben Werke der Barmherzigkeit, egal welcher Kultur oder Religion sie angehören, ob sie an Gott glauben oder nicht, dass diese Menschen das getan haben, was „vor Gott" das Richtige ist, was jedem Leben Sinn und Ziel gibt.

Das Gegenbeispiel von denen, die das nicht tun, gehört zur semitischen Erzählstruktur und -kunst, die gern mit Gegensatzformulierungen und -bildern arbeitet. Diese stellen aber keine eigene, neue Aussage dar, sondern heben wie durch eine „negative" Untermalung, die auch als Warnung verstanden werden soll, die positive Aussage nur verstärkt hervor.

Die Bildworte vom „nie erlöschenden Feuer für den Teufel und seine Engel" stammen als metaphorische Redewendung aus jüdisch apokalyptischen Kreisen und waren allgemein in Gebrauch. Für den „Himmel" oder das „Paradies" oder das „Reich Gottes", das die Guten in Besitz nehmen werden, verwendet Jesus keine metaphorische Ausmalung. Als wären deren Schönheit und Seligkeit jenseits all unserer Worte unsagbar.

Eine Metapher meint niemals das Wort in seiner Hauptbedeutung, sondern benutzt diese zu einer übertragenen Aussage. Etwa: Das ist aber ein feuriger Redner! Niemand in unserer Kultur wird sich dann einen brennenden Redner oder einen Feuerspucker vorstellen, sondern er wird dieses Bildwort „metaphorisch" verstehen: Wenn der redet, dann ist das wie Feuer, er entflammt alle seine Zuhörer … metaphorisch! So sind auch die Worte vom „nie erlöschenden Feuer" metaphorisch gemeint; sie wollen sagen: Das ist nicht der Weg, der vor Gott richtig ist und damit auch für den Menschen richtig wäre, nicht der Weg, der zum erfüllten Leben führt. Und als solch ein Bildwort will es eine Warnung sein. Eine ernste!

Übrigens ist auch der Begriff „Weltgericht" (der gar nicht im Text vorkommt) metaphorisch zu verstehen: Jesus will nicht schildern, wie der letzte Tag dieser Erde ablaufen wird, sondern er will, mithilfe der endzeitlichen Erwartung vom letzten Kommen des Menschensohnes am „Ende der Welt", sagen, was "letzten Endes" das einzig Wichtige vor Gott ist, was das Ent-scheidende unseres Lebens sein wird. Und zwar heute und hier und jetzt: "Letzt-endlich" geht es für jeden Menschen darum, dem anderen zur rechten Zeit zu geben, was der jetzt zum Leben braucht. Die Metaphern vom Feuer sind nur der Rahmen, durch den der Ernst des Gesagten warnend hervorgehoben wird.

Halten wir also fest: Jesus hat niemanden verdammt. Er ist gekommen, um zu retten. Weil er die Menschen liebt. Aber gerade weil er sie liebt, warnt er sie. Seine drohend klingenden Worte stammen aus der damaligen semitischen Kultur und sind metaphorisch zu verstehen (und einige davon sind nicht *seine* Worte), aber sie sind ernst gemeint. Sie wollen sagen: Denke nach! Lebe anders, lebe das DU, jenes "ich für dich", das allein in dieser Welt Sinn macht und Sinn gibt.

Es ist immer das DU Gottes.

Aber gewarnt hat Jesus doch!?

Dann stellt sich die Frage: Wovor hat er gewarnt? Da muss doch etwas *drohen*, etwas Schmerzvolles, wenn wir diese Warnung nicht beachten?

In seinem ersten Brief an die Korinther hat Paulus jenen Satz geschrieben, der diesem Kapitel die Überschrift gegeben hat: "... wie durch Feuer hindurch" (1 Kor 3,11–15). Dreimal schreibt er in diesen Zeilen vom "Feuer". Es geht in ihnen um Folgendes:

Paulus nennt sich den Baumeister, der für die Gemeinde in Korinth den Grund gelegt hat; ein anderer wird weiterbauen. Wie aber dieser andere weiterbaut, ob mit Gold oder mit Stroh … (Bildworte, die wir sogleich als Metapher erkennen), darauf muss er selber achten, „jener Tag wird es sichtbar machen, weil es im Feuer offenbart wird. Das Feuer wird prüfen, was das Werk eines jeden taugt … Brennt es nieder, dann muss er den Verlust tragen. Er selbst aber wird gerettet werden, doch so wie durch Feuer hindurch."

Zwei Aussagen stehen für uns im Vordergrund: Feuer macht offenbar, es prüft, es reinigt. Und: *Ziel* ist die *Rettung* des Menschen!

In unserer von Technik und Chemie beherrschten Welt gibt es zahlreiche Vorgänge, in denen Feuer eingesetzt wird: Von der hocherhitzten Milch bis zur Feuerverzinkung, vom Punktschweißen bis zum Raketenstart und tausend anderen. Vor 2000 Jahren diente Feuer in vielfacher Weise dazu, Metalle zu reinigen, vor allem Gold. Das Ziel war dabei nicht Vernichtung, sondern ein edles Metall zu gewinnen, frei von minderwertigen Zusätzen. Im Prinzip hat sich daran bis heute nichts geändert, nur die Technik ist verfeinert.

Das Feuer aber reinigt nicht nur, es schmerzt auch. Schon am Zündholz kann man sich den Finger verbrennen, man zieht die Hand schnell zurück. Viele Prozesse im Krankenhaus, bei Ärzten (oh die armen Zahnärzte und ihre Patienten!), aber auch im Hochleistungssport funktionieren nicht ohne Schmerzen. Aber das Ziel ist immer eine Verbesserung. Schmerzen können nicht nur physische sein, es gibt auch seelische, emotionale Schmerzen, auch Depression ist ein Schmerz. Für manche ist sogar die Psychotherapie ein Schmerz, wenn ihnen darin Verhaltensweisen bewusst werden, die sie lange aus ihrem Bewusstsein weggeschoben haben und denen sie sich nicht stellen wollen. Wer will schon sehen, dass er sich z. B. wie ein fauler Tyrann verhält – denn dann müsste er sein Leben ja ändern!

Wie durch Feuer hindurch … Jetzt wird uns die metaphorische Bedeutung dieses Wortes klarer: Es wird damit eine schmerzvolle Reinigung ausgesprochen, aber zu einem guten Ziel, zu einem besseren Zustand als zuvor.

Es stellt sich eine letzte Frage: Vor welcher schmerzvollen Pein hat Jesus gewarnt (und zwar weil er den Menschen liebt und ihm diese „höllische" Pein ersparen möchte)? Um welche „Reinigung" geht es hier?

Als tiefste Substanz unseres Glaubens haben wir erkannt: Gott ist die Liebe. Liebe bedeutet „Sich-Verschenken" an den anderen. In Gott, dem Dreifaltigen, herrscht vollkommenes Sich-Verschenken, vom Vater an den Sohn, vom Sohn zurück an den Vater – und dieses Sich-Schenken ist der Heilige Geist. Er ist die Beziehung der Liebe in Gott.

Und was Gott in sich ist, ist er auch nach außen (wenngleich wir bei Gott nicht recht von „in sich" und „nach außen" sprechen können): Gott verschenkt sich an die Schöpfung, wie die Sonne ihre Strahlen an die Erde und an alle Planeten verschenkt.

Dieses Prinzip seines innersten Wesens hat Gott in die Schöpfung eingesenkt: Alles Lebendige lebt vom Beschenktwerden und Sich-Verschenken. Wo Menschen sich jedoch auf ihr Ich beschränken, ihr Ich durchsetzen wollen, ihr Ich über alles setzen, herrscht Egoismus – und der führt zum

Absterben des lebendigen Organismus. Auch der menschlichen Gemeinschaft.

Jesus ermahnt uns, das DU Gottes zu leben.

Gericht bedeutet also: Wenn wir vor das Angesicht Gottes treten, dann treten wir dem absoluten DU gegenüber, der unendlichen Liebe. Vor Gott gibt es keine Täuschung mehr, ich erkenne sowohl Gott, wie er in Wahrheit ist, als auch mich selbst, wie ich tatsächlich in meinem Leben gewesen bin und gehandelt habe. Und ich werde bei mir mehr oder weniger zahlreiche Egoismen entdecken – und werde die Verantwortung dafür nicht mehr abschieben können. Ich werde sehen, wo ich schuldig gewesen bin.

Je mehr ein Mensch nun in diesem seinem Leben das DU Gottes bereits gelebt hat, gestrebt hat nach der Liebe, desto weniger Wandlung ist notwendig, um in die unbegrenzte Herrlichkeit seiner Liebe einzugehen. Doch je mehr Egoismen sich im Leben eines Menschen finden, desto mehr Wandlung, Reinigung wird notwendig sein – wie durch Feuer hindurch!

Die Tradition der Kirche nannte dies das „Purgatorium", Fegefeuer, Ort oder Phase der Reinigung (im Wort „Fegefeuer" steckt viel Metaphorik).

Da nun im Angesicht Gottes alles von unendlicher Größe und Klarheit sein wird (soweit wir das mit unserem begrenzten Erkennen sagen dürfen), wird auch die Erkenntnis Gottes von unendlicher Klarheit und Schönheit sein – und damit die Anziehung, die er auf den Menschen ausüben wird, von unendlicher Intensität. Aber zugleich erkennt der Mensch sich selbst, und auch dies in einer Klarheit wie nie zuvor. Und diese erschreckende Selbsterkenntnis in der Beziehung zur unendlichen Anziehung durch Gottes Schönheit wird einen Schmerz hervorrufen, der den Menschen zu zerreißen droht, eine Pein, wie man sie auf dieser Erde weder erleben noch sich vorstellen kann, da es die Erfahrung der Unendlichkeit und Klarheit nicht gibt.

Aber Gott will ja retten. Jeden. „Fegefeuer", „Purgatorium/Ort der ‚Reinigung'", „Hades/Reich des Todes" ist nicht das Ende des Lebens, sondern der Anfang der Wandlung. Für den Gott des Lebens endet das Leben nicht an der menschlichen Todesgrenze: Er, der das unendliche Leben ist, macht „auf der anderen Seite" weiter. Denn es geht, wie Paulus eindeutig sagt, darum, dass der Mensch „gerettet wird" (1 Kor 3,15) Die gleiche Aussage findet sich in 1 Kor 5,5: Hier geht es um einen ernsten Fall von Unzucht, und Paulus übergibt den Betreffenden „dem Satan zum Verderben seines Fleisches, damit sein Geist am Tag des Herrn gerettet wird". Oder in 1 Tim 1,20: Hier übergibt Paulus zwei Männer „dem Satan, damit sie durch die Strafe lernen, Gott nicht mehr zu lästern". Das Ziel ist also niemals „Vernichtung", sondern das Gericht bedeutet Rettung. Wenn auch durch Strafe, oder durch Feuer ...

Am Begriff des Fegefeuers scheiden sich die Geister: Während „Fegefeuer" für die einen selbstverständlich zum tradierten Glaubensgut gehört, können die anderen inhaltlich damit nichts mehr anfangen. Deshalb versuche ich einmal, einen eventuell besser erläuternden Begriff zu finden, der einerseits „Reinigung", „Erneuerung", aber notwendigerweise auch „Schmerz" beinhaltet.

Wie wäre es mit „Reha"?

Jede Operation, der sich ein Mensch unterzieht, dient dem Ziel, dass etwas an ihm, dass er selbst geheilt wird. Es soll ihm nach der OP besser ergehen als vorher. Dazu ist heute eine anschließende Reha vorgesehen und notwendig. Oft genug beginnen die Physiotherapeuten bereits im Krankenhaus mit ersten Bewegungen oder Schritten.

Solche ersten Schritte und Bewegungen tun naturgemäß weh. Manchmal sehr weh. Man ist danach sehr müde, erschöpft. Man möchte weg und nicht weitermachen – und doch ist dieses schmerzhafte Weitermachen zur Rettung da und zur Heilung notwendig. Das gilt erst recht für die nachfolgenden Wochen in der Reha. Wenn man dort die vielen anderen Menschen sieht, mit ihren Behinderungen, an ihren Krücken, Gehhilfen, mit Verbänden und Schienen, dann mag man sich selbst noch beglückwünschen, dass man sogar ein paar Zehen schmerzfrei bewegen kann. Aber dann kommen die Übungen, vielleicht acht am Tag, und nicht alle Therapeutinnen und Therapeuten sind nett. Und dann geht das Stöhnen los, das langsame Kriechen, das Sich-Vorwärtsschieben. Und alles tut so weh, jede Bewegung ... Wie schön ist da der Fahrstuhl, mit dem man in den Ruheraum hinauffahren kann – aber im Fegefeuer gibt es keine Fahrstühle, keine Schmerztabletten, keine Schlaftabletten, nur Stufen, Treppen, Aushalten ...

Hinzu kommt etwas sehr Wichtiges: Unsere Rehas sind weitgehend auf physische Heilung und Besserung ausgerichtet. Aber der Mensch ist mehr als sein Leib, und die Seele braucht auch Heilung, Reha. Es ist relativ einfach zu sagen:

Wenn Sie früher mehr auf sich Acht gegeben hätten, wenn Sie weniger gegessen, sich mehr bewegt, gesünder gelebt, mehr verzichtet hätten, wenn Sie nicht so viele Risiken eingegangen wären usw. Aber bei der Seele gibt es hundertmal mehr „Wenn ich doch nur ...". Nicht alles, aber doch vieles an Krankheit ist Folge eines ungesunden, eines lust- und ego-zentrierten Lebensstils. Und dies gilt noch mehr für die Seele und ihre Abgründe. Auch die werden in der himmlischen Reha behandelt – mit dem Ziel der Heilung.

Wenn man früher von „Fegefeuer" sprach – und die Alten unter uns waren das gewohnt –, dann lag die Betonung mehr auf Schmerzen, auf Leiden, langem, furchtbarem Leiden, auch wenn man da wieder herauskam. Bei dem Bild einer „himmlischen Reha" liegt die Betonung auf Heilung, auf Erneuerung – allerdings durch Schmerzen hindurch. „Wie durch Feuer hindurch" ist gar nicht so falsch.

Am Ende des Buches werde ich etwas zum bekannten Gleichnis Jesu vom „Reichen Prasser und dem armen Lazarus" sagen und dabei aufzeigen, was Erstaunliches Jesus der Menschheit da erzählt hat, was man aber heute weithin oder sogar ganz übersieht. Es ist ein Gleichnis über die „himmlische Reha".

Aber an diesem Gleichnis wird auch etwas Entscheidendes klar: Der reiche Prasser hätte sich seine Schmerzen, seine riesengroße Pein ersparen können, wenn er schon im täglichen Leben, bei zahllosen Gelegenheiten die Liebe gelebt hätte, das Für-den-anderen-da-Sein. Schenkende Beziehung, so könnte man „Reich Gottes" umschreiben.

Das ist das Ziel der himmlischen Reha.

Denn darauf kommt es an, das wird die Vollendung der Erneuerung sein, die Gott von Anfang an im Sinn hatte: dass der Mensch, das Geschöpf aus *seiner* Liebe, in diese Liebe gewandelt werde. Dass er aus den vielfältigen Egoismen sich neu schaffen lässt in das DU Gottes hinein, denn der ist die Liebe.

Mensch, lerne lieben!

Jesu Gleichnisse
von den drei Verlorenen

Lukas, und nur er, hat uns in der Mitte seines Evangeliums im 15. Kapitel eine dreifache Kostbarkeit übermittelt, die in ihrer Einzigartigkeit nur selten erkannt wird. Sie findet sich in den „Gleichnissen von den drei Verlorenen". Am bekanntesten von diesen ist das vom „Verlorenen Sohn" oder, wie heute oft gesagt wird, vom „Barmherzigen Vater". Aber beide Formulierungen treffen den tiefen Sinn dessen, was Jesus uns hier insgesamt erzählt, nur am Rande. Außerdem müsste man, um genau zu sprechen, vom Gleichnis von den „Zwei verlorenen Söhnen" sprechen, denn der zweite, ältere, der nicht hineingehen will zur Feier, scheint doch mehr „verloren" zu sein als der, der aus seiner Verlorenheit zurückgekehrt ist. Aber dazu später mehr.

Im Kapitel zuvor habe ich darauf hingewiesen, dass bei Gleichnissen Jesu zwei Dinge grundsätzlich zu beachten sind, um seine Erzählung recht zu verstehen. Erstens: Wem erzählt Jesus dieses Gleichnis, welche Frage oder Überzeugung beherrscht seine jeweiligen Zuhörer? Und zweitens: Schildert er darin, wie Menschen sich untereinander zu verhalten haben und ihr Leben gestalten sollen, oder will er uns mitteilen, wie Gott sich gegenüber den Menschen verhält?

Schauen wir also bei diesem wunderschönen Dreifach-Gleichnis zunächst auf die Rahmenhandlung: Wer ist es, dem Jesus dieses Gleichnis erzählt? Welche Überzeugung prägt diese Menschen?

Es sind gleich zwei Personengruppen, die sich um Jesus drängen, und zwar mit gegensätzlicher Ansicht und Absicht: Da sind zuerst Zöllner und Sünder, und zweitens Pharisäer und Schriftgelehrte.

Die Formulierung „Zöllner und Sünder" ist ein wenig eigenartig, denn Zöllner sind ja ebenfalls Sünder, nur eben eine bestimmte Berufsgruppe aus der Zahl „sündiger Berufe". Man könnte also sagen: Zöllner und andere Sünder ... Schon in 7,34 erwähnt Lukas diese beiden Personenkreise „Zöllner und Sünder" – und gleich darauf berichtet er von einer Frau, die zum Pharisäer Simon kommt, um Jesus die Füße zu salben und zu küssen. Sie wird „Sünderin" genannt, doch aus dem Geschilderten darf man rückschließen, dass diese Frau – ich teile die Auffassung, dass es sich um Maria Magdalena handelt – früher vielleicht eine Hetäre, etwas wie eine vornehme Prostituierte, gewesen war. In Mt 21,31 sagt Jesus deutlich: „Zöllner und Prostituierte kommen eher in das Reich Gottes als ihr ..." – und angesprochen sind Hohepriester und Älteste des Volkes, also etwa die gleiche Gruppe religiöser Führer, die uns auch zu Beginn der Gleichnisse von den „Drei Verlorenen" begegnet.

Zöllner gehörten damals von Berufs wegen zu den größten Sündern, denn wegen ihrer Arbeit konnten sie sich nicht an die Weisungen der Tora halten, und als Zöllner arbeiteten sie zudem mit den Römern, mit der verhassten Besatzungsmacht zusammen. Beim Beginn des jüdischen Aufstands gegen die Römer im Jahre 66 haben die Juden als erstes diese Zöllner umgebracht. Die *pornai*/Prostituierten wurden als gleichermaßen nichtswürdig betrachtet. Sie alle gehörten zu den schlimmsten Sündern. Von diesen Sündern heißt es im ersten Buch der Makkabäer (14,14): „Alle Verräter und Sünder aber rottete er (der Held Simeon) aus." Das entspricht genau dem, was uns aus der jüdischen eschatologisch-apokalyptischen Literatur bekannt ist.

Solche Sünder kommen jetzt zu Jesus. Sie gehören eigentlich, nach vorherrschender Auffassung im Judentum und gut begründet aus heiligen Schriften, in die *Gehenna* geworfen. Jesus müsste sie wegschicken. Sie haben nichts an der Seite eines Mannes Gottes zu suchen, sonst färbte ja der Schmutz ihrer Sünde auf ihn, den angeblichen Propheten, ab, und er würde selbst zum Sünder. So dachte man.

Aber von diesen Menschen wird gesagt, sie „wollen Jesus hören". Das ist ja das Schönste, was es gibt, dass Menschen ihr Herz, ihren Sinn öffnen, weil sie verstehen, aufnehmen wollen, was Jesus sagt und tut! Die samaritische Frau war eine solche. Ich denke, unsere Kirche wird in den kommenden Jahrzehnten vermehrt, ja ganz überwiegend nur mit Menschen arbeiten können, die wirklich „Jesus hören wollen", die selber wirklich wollen – und nicht nur aus Gewohnheit mitlaufen. Wo aber Menschen derart „wollen", wo sie Jesus suchen, da macht das Arbeiten mit ihnen große

Freude, setzt viele Kräfte frei und führt zu Ergebnissen, die Bestand haben und Frucht bringen.

Den Sündern gegenüber steht die Gruppe der Schriftgelehrten und Pharisäer. Sie halten sich strikt an die Tora, und ihre genaue Erfüllung der Gesetze des Mose macht sie zu Reinen, zu Menschen, die vor Gott, das ist ihre Überzeugung, als Gerechte gelten und also in den Himmel kommen werden. Den haben sie verdient. Nach ihrem Gottesbild, das eben mit „Verdienst-Denken" arbeitet, ist es ein Unding, völlig ausgeschlossen, dass Gott sich mit Sündern abgeben sollte, die den Himmel ja nicht „verdient" haben, und dieser Jesus, der ein Mann Gottes sein will, der „isst sogar mit ihnen!" Und also „murren" sie, so die deutsche Übersetzung.

Das griechische Wort für „murren" (*diagoggyzō*) gebraucht nur Lukas, und zwar hier an dieser Stelle und noch einmal bei der Begegnung Jesu mit dem Oberzöllner – wieder ein Zöllner! – Zachäus in Jericho (19,7); dort ist es die Menge der Mitläufer und Schmarotzer um Jesus, die „murrt"; im Griechischen ist an beiden Stellen ein heftiges Murren ausgesagt.

Ein stärkeres Wort wäre „empört" sein (*aganaktéō*): Die zehn anderen Apostel etwa sind „empört", dass Johannes und Jakobus sich die ersten Plätze sichern wollen (Mk 10,37); und ebenso „empört" sind die Hohepriester und Schriftgelehrten, als sie beim Einzug Jesu in Jerusalem die Kinder rufen hören: „Hosanna dem Sohn Davids!" (Mt 21,15). Aber auch Jesus ist „empört", als seine Jünger die Eltern mit ihren Kindern abweisen. Bei Lukas wird noch der Synagogenvorsteher als „empört" beschrieben (Lk 13,14), weil die gekrümmte Frau sich am Sabbat heilen lässt, was gegen die Tora des Mose war.

Ein noch stärkeres Verb überliefert Matthäus von den Pharisäern, die sehen, dass Jesus die Reinheitsgebote nicht einhält: *„Eskandalísthēsan"* heißt es, sie empfinden das als einen Skandal. Matthäus gebraucht dies Wort 14 Mal! Markus, Lukas und Johannes zusammen noch weitere zwölf Mal. Jesus war also auf der religiösen Ebene seines Landes ein Skandal! Die nächste Stufe nach „Skandal" konnte die Steinigung sein.

Und dieser „Skandalmann" hat nicht nur die Reinheitsgebote übertreten, sondern auch noch mit solchen Sündern an einem Tisch gesessen und mit ihnen gegessen! Miteinander essen, Mahlgemeinschaft halten, bedeutet bei den Nomaden und Halbnomaden im semitischen Raum, dass Einheit und Freundschaft geschenkt wird. Auf meinen vielen Pilger-Exerzitien in Israel hatte ich das seltene Glück, von solchen Halbnomaden, drei verschiedenen Familienclans, eingeladen zu werden. Mit ihnen im Zelt heißen, süßen Tee zu trinken oder starken Kaffee oder gar im Zimmer die Hand in die gleiche Schüssel zu tunken schafft Zugehörigkeit: Du gehörst jetzt zu uns! Wenn Jesus also mit diesen Menschen zusammen isst, dann schafft solches Verhalten das höchste Zeichen für Einheit, das in dieser Kultur möglich ist: Der Mann Gottes schenkt seine Einheit dem „letzten Gelumpe" der Erde, Zöllnern und Dirnen.

Welch ganz anderes Gottesbild gegenüber dem der Pharisäer begegnet uns in Jesus, der das Abbild des Vaters ist! Er ist die „Gründergestalt" unseres Glaubens, an ihm muss sich die Kirche, muss sich jeder einzelne Christ messen. Sein Gottesbild ist uns Maßstab und Norm und Verpflichtung.

Es geht Gott eben nicht darum, was du verdient hättest, denn Gott, der mütterliche Vater, ist die Liebe, er will schenken. Und Gott will denen am meisten und zuerst schenken, die überhaupt nicht mehr damit rechnen, dass der Allerhöchste, Ewige sie überhaupt bemerken sollte.

Ohne auf die verschiedenen Gottesbilder hinter den Äußerungen der Pharisäer und Schriftgelehrten und jenem „Bild Gottes" hinter den Taten und Worten Jesu zu achten, können wir das Neue Testament gar nicht recht verstehen. Jesus befreit, erlöst uns von falschen, menschlich erdachten Gottesbildern! Aber sie herrschen, versteckt oder offen, bis heute weiterhin in unserem Glauben.

Und nun liegt es schon offen auf der Hand, wem Jesus etwas offenbaren will: Den gestrengen Leuten vom Gesetz will er sagen und zeigen, dass Gott, der voll Erbarmen ist, sich nicht zuerst denen zuwendet, die es durch die korrekte Erfüllung aller Gebote verdient haben, sondern denen, die gar nichts verdient haben, die ihn, Gott, aber brauchen. Deswegen „isst" Jesus mit diesen Sündern.

Schauen wir nun auf die drei Gleichnisse.

Im Evangelium des Lukas steht an erster Stelle das Gleichnis vom verlorenen Schaf, danach das von der verlorenen Drachme, als drittes jenes weltbekannte vom verlorenen Sohn und daran angehängt das von seinem Bruder, jenem zweiten Sohn, der nicht hineingehen will zur Feier.

Jesu Gleichnisse von den drei Verlorenen

In einem Exerzitienkurs legte ich vor vielen Jahren dieses Gleichnis vom verlorenen Sohn zur Betrachtung vor; ich werde niemals die junge Mutter vergessen, der auf einmal die Tränen herabliefen und die leise schluchzte: „Und was macht Gott, wenn die Tochter nicht mehr zurückkehrt?" Da saß ich mit meiner schönen Theologie und konnte die einfachste aller menschlichen Fragen nicht beantworten. Seit jener Stunde habe ich jahrelang wieder und wieder das Gleichnis, habe Jesus befragt „Was machst du, wenn nicht ...?" – und eines Tages gab mir der Himmel Antwort, klar und deutlich. Eine Antwort, so schön und trostvoll, wie man sie sich als Mensch, als Mutter nur wünschen kann.

Ich weiß nicht, warum Lukas die Gleichnisse in dieser Reihenfolge in sein Evangelium aufgenommen hat. Das vom verlorenen Sohn am Ende, weil es das längste war? Und durch das angehängte von seinem verlorenen Bruder noch länger wurde und danach eigentlich nichts weiter gesagt werden konnte? Aber wenn man dieses dritte Gleichnis (ohne das vom Bruder; dazu möchte ich am Schluss des Buches etwas Besonderes aufdecken) als Erstes liest, dann auf einmal passt die Frage der Mutter genau an dessen Ende, und dann auf einmal antwortet Jesus ihr mit dem Gleichnis vom verlorenen Schaf ...

Als ich das entdeckt hatte, fand ich in den drei Gleichnissen vom Verlorenen, wenn man sie in dieser neuen Reihenfolge liest, eine ungeheure theologische Spannung; dann antworteten sie auf Fragen, die jeder Mensch natürlicherweise stellt und auf die Gott keine Antwort gegeben zu haben schien – aber er hat sie gegeben! Wir müssen nur einmal die

Reihenfolge der drei Gleichnisse umstellen: an den Anfang jenes vom verlorenen Sohn, danach das Gleichnis vom verlorenen Schaf, zum Schluss jenes von der verlorenen Drachme.

Wenden wir uns zunächst dem „verlorenen Sohn" zu.

Da ist also ein Familienunternehmen. Der Vater scheint ein versierter Geschäftsmann zu sein; was immer er anpackt, es gelingt ihm. Er hat zwei Söhne, der ältere ist arbeitsam, ruhig, zuverlässig, aber nicht kreativ, ohne Begeisterung. Der jüngere dagegen hat das Zeug zum Playboy, nicht Arbeiten stehen bei ihm obenan, sondern Feten und Freunde, Genießen und Luxus. Bei dem Vater, den er hat, kann er sich das erlauben, es ist alles vorhanden. Nur eines fehlt ihm: die Selbständigkeit seines eigenen Ich. Ohne diesen Vater stände er hilflos da. Aber neben diesem Vater, der alles besser weiß und kann, kommt er nie hoch, bleibt er immer der nette und oberflächliche Sonnyboy. Immerhin, so lange er Feiern veranstaltet, ist er beliebt.

Eines Tages wird er kreativ, er entscheidet, selber in der Mitte zu stehen, auf eigenen Füßen, niemand mehr über ihm. Er will etwas Großes sein, wie sein Vater. Er lässt sich von ihm seinen Anteil am Gesamtvermögen auszahlen, was damals rechtens war. Nun ist er reich, kann machen, was er will. Der Vater aber kennt seinen Sohn und weiß, dass der bald auf der Nase liegen wird. Denn er hat nie gelernt, verantwortlich zu leben, zu planen und eine Ordnung einzuhalten, er kennt keine Selbstdisziplin, kann nicht verzichten, ist unreif. Aber der Vater versteht auch, dass der Filius in seinem Schatten nie zu seinem Selbst finden wird, er muss weg von ihm, muss bis ans Ende gehen, auch wenn es bitter werden wird – nur dann besteht die Chance, dass er sein Ich findet.

Manchmal scheint ein wenig kreative Naivität, die andere Dummheit nennen würden, das Leben in eine gesunde Entwicklung zu führen.

(Das gilt nicht nur für die Pubertät der Heranwachsenden, wie die Natur sie vorgesehen hat, das gilt auch für so manchen Glaubensweg eines jungen – oder auch älteren – Menschen: Er muss sich vom kirchlichen „Über-Ich" entfernen in die Fremde, muss an der Kirche vorbei Christus Jesus finden, sein Antlitz, ihn erkennen und lieben lernen, um von ihm her die Kirche neu zu finden, zu tragen und zu ertragen.)

Der Springinsfeld ist nun umgeben von Scharen von Freunden, seine goldene Kreditkarte öffnet ihm Tore und Herzen, er wird umjubelt und genießt die Lieder, die man ihm dichtet. Bis eines Tages der Geldstrom versiegt – und mit ihm sich die Freunde verlaufen. Er macht Erfahrungen mit seinem Ich, die er noch nie gemacht hat. Zwar könnte er jammernd und klagend zurückkehren zum goldenen Leben im Haus seines Vaters, aber zu seinem Glück erwachen Bockigkeit und Stolz in ihm: Nein, ich krieche nicht zu Kreuz. Der Alte soll nicht schon wieder Recht haben. Ich werde das schaffen. Ich schaffe das! Aber er hat nie gelernt, etwas zu schaffen, gegen Unlust und Faulheit zu kämpfen. So rutscht er immer tiefer. Hungersnot kommt hinzu. Ob es im Ausland leichter geht? Er landet bei einem Schweinehirten, für die damaligen jüdischen Zuhörer das Grässlichste, was sie sich vorstellen konnten. Und noch tiefer: Der Hunger treibt ihn sogar hinab unter die Schweine: wenigstens das haben, was die da fressen im Dreck ...

Und jetzt gibt er auf. Nicht aus Reue, nicht aus Einsicht, sondern aus dem einfachen Grund des Hungers. Es ist der Naturtrieb nach Nahrung, der die Umkehr vorbereitet. Er sieht die Tagelöhner auf dem Anwesen seines Vaters jeden Tag ihre Erbsensuppe mit Würstchen verzehren – und er, der Sohn, hat nichts. Nur Hunger. Er erfährt Armut. Nicht einmal eine Brotrinde hat er. Dieser Trieb des Hungers siegt über den Trieb des Stolzes, zerbricht sein hohles Ich, er gibt auf und plant die Umkehr.

Was genau den Sohn letztlich in die Umkehr geführt hat, weiß Gott allein. Möglich ist, dass der Sohn zunächst kalkuliert Unterwürfigkeit plant, um an sein Ziel zu kommen. Traditionell wird ihm vorschnell als einziges Motiv Reue und Einsicht positiv unterstellt. Hierbei wird jedoch in den meisten Deutungsversuchen die normale menschliche Natur außer Acht gelassen. Ob der Sohn letztlich aus Unsicherheit, peinlicher Berührtheit ob der Offensichtlichkeit seines Versagens, aus Kalkül oder schlicht aus nackter Not seine Rückkehr plante: Alles ist denkbar. Nehmen wir an, er habe sich drei Sätze in die Handfläche notiert:

„Vater, ich habe mich gegen den Himmel und gegen dich versündigt ..." Oh, das klingt gut! Ganz unterwürfig, Vater und Himmel auf einer Stufe, ja ich bin Sünder, volles Bekenntnis ... Nächster Satz: „Ich bin nicht mehr wert, dein Sohn zu sein ..." Jaja, ich habe Mist gebaut, ich sehe es ein, du hattest immer Recht, du bist der Beste, ich bin nichts wert, ich habe nichts verdient … Aber jetzt das Dritte, das Eigentliche, worauf es ankommt: „Mach mich zu einem deiner Tagelöhner …"; denn die haben jeden Tag gut zu essen. Und ich habe solchen Hunger!

Zur Auslegung des Gleichnisses habe ich einen psychologischen Zugang gewählt; es gibt auch andere, etwa den „heilsgeschichtlichen": Der Sohn, der in die Fremde wegläuft, repräsentiert die Heiden, der andere, der immer beim Vater ist, steht für das erwählte Volk Gottes. Und gewiss gibt es noch weitere Muster, um die Parabel in ihrer Weisheit und Schönheit zu entfalten. Der psychologische Zugang könnte den Vorteil haben, dass das Geschilderte und Reflektierte in vielfacher Weise im Leben zahlreicher Menschen auftaucht und also zu einem bewussten Verstehen des eigenen Lebens führen kann. Damit daraus eine Ordnung entstehe, die das Leben in eine sichere und geglückte Zukunft führt.

In meiner Deutung stehen am Anfang der „Umkehr" des Sohnes also nicht Reue und Einsicht oder gar Buße, sondern ganz einfach Hunger. Die Natur mit ihren Trieben ist es, die oftmals die Umkehr der Seele und des Geistes einleitet. Gott nutzt alles, manchmal auch das Wetter und „glückliche Umstände" oder auch Unglück, entsetzliches Leid und Katastrophen, um uns langsam, vorsichtig, behutsam zu sich hin zu kehren.

So kehrt der Sohn um und macht sich auf den langen Rückweg. Dieser Rückweg mit seinen Strapazen wird für ihn unvermutet, unbeabsichtigt zu einer inneren Umkehr und wandelt und erneuert sein Wesen im Prozess des Heimgehens zum Vater.

Dieser „Vater sah ihn schon von weitem kommen und hatte Mitleid mit ihm" (Lk 15,20).

Gott verliert den Menschen nie aus den Augen, niemanden, niemals. Wie weit ein Mensch sich auch von Gott entfremdet haben mag, Gott behält ihn im Blick. Er sieht, spürt und fühlt, was in diesem Menschen vor sich geht. Und er hat Mitleid mit ihm! Kein Wort von Zorn, von Richten oder Gericht, kein „Murren", keine Verärgerung, nein: Mitleid. Nach jüdischem Rechtsdenken wäre es eher angebracht, mit solch einem Sünder *kein* Mitleid zu haben; er hat sich seine Misere ja selber eingebrockt. Ist selber schuld, er hat sich dem Gott Mammon verschrieben – und wer fremden Göttern dient, mit dem darf man kein Mitleid haben, einen solchen musste man eher steinigen (Dtn 13,9.11). Aber es gab auch die andere Theologie: Wenn einer aus meinem Volk zu mir schreit, weil er ungerecht behandelt wird, dann werde ich Mitleid mit ihm haben (vgl. Ex 22,26) – nur: Der Sohn war nicht ungerecht behandelt worden!

Jeder Arme soll wissen, dass Gott Mitleid mit ihm hat. Mitleid ist für Jesus nicht nur ein Wort, eine Gefühlshaltung, sondern setzt in ihm eine Kraft zum Heilen frei (Mt 14,14). Im Gleichnis setzt das Mitleid des Vaters mit seinem wiedergefundenen Sohn die Freude frei, die Freude, die feiern will. Feiern kann heilen.

Eigentlich schildert Jesus hier, wie bei ihm Gericht abläuft! Kein akribisches Erforschen der Schuld, keine Anklage, keine Forderung nach Buße und Unterwerfung, keine Strafe, kein Werfen in die *Gehenna* – stattdessen läuft der Vater dem Sohn entgegen. Gott läuft dem Menschen entgegen, er fällt ihm um den Hals und küsst ihn. Das ist sein Gericht: Erweise der Liebe, des Vergebens, der Freude und schenkenden Einigung.

Der Sohn – Jesus hat dies psychologisch äußerst treffend geschildert – scheint völlig verdattert, wie gelähmt, er versteht nicht, was hier abläuft, da müsste doch etwas ganz anderes passieren … Vielleicht schaut er verstohlen in seine Handfläche, wo die Sätze stehen. Und nun passiert etwas Wunderbares: Er zitiert den ersten Satz: „Vater, ich habe mich gegen den Himmel und gegen dich versündigt …" und den zweiten: „Ich bin nicht mehr wert, dein Sohn zu sein …" Und der dritte Satz, der so wichtige mit dem Ziel „Essen bekommen"? Er fehlt! Er spricht ihn nicht mehr. Der Hunger ist schon gestillt durch die Umarmung des Vaters, durch die geschenkte Einheit, die der Sohn neu erfahren hat.

Wie bei der Samariterin am Brunnen von Sychar: Sie kam, um Wasser zu schöpfen, wichtig für die Natur – aber sie läuft zurück ohne Wasserkrug. Ihre Seele ist erfüllt von dem lebensspendenden ewigen Wasser. So auch hier beim Sohn: Er braucht nichts mehr für den Magen, der Hunger ist gestillt. In den Armen des Vaters ist alles gut.

Und dann geht die Feier los: Bestes Gewand, Ring an die Hand, Schuhe an die Füße, holt das Mastkalb, wir wollen essen und fröhlich sein! Warum gibt es kein Altarbild in unseren Kirchen, wo wir den Vater und den Sohn feiern sehen mit Sündern, lachen und genießen, weil Einheit neu geschenkt ist? Und der Sohn ist reif geworden, er hat sein Selbst gefunden in seiner Verlorenheit, durch die Fremde, durch die erlittene Armut und durch den beschwerlichen Rückweg in die Arme dessen, der ihn voll Freude annimmt.

Aber – jetzt kommt das große ABER der Frau aus meinen Exerzitien, es kommt ihre Frage: Jesus, das hast du schön erzählt, ich kann mit dem Vater mitempfinden – aber was, wenn der Sohn *nicht* zurückkehrt? Was, wenn er nicht zurückkehren kann? Wenn er so versumpft ist, in Drogen und Alkohol, in schlechter Gesellschaft festhängt, dass er nicht mehr zurückkehren kann? Bleibt der Vater dann auch ruhig, seelenruhig zu Hause in seinem schönen Haus sitzen und sagt am Ende: Selber schuld, dieser Taugenichts, Pech gehabt!?

Was macht Gott, wenn ein Mensch nicht mehr umkehren kann? Ist der dann verloren? Legt Gott die Hände in den Schoß und lässt ihn verloren sein?

Jesus hat auf diese Frage gewartet, als hätte er sie vorausgehört. Ja, er wusste, dass der Mensch so fragen muss. Denn, so wird gesagt, Gott habe uns schließlich die Freiheit eingestiftet, und wenn wir uns mit unserer Freiheit gegen Gott entschieden, unserem dummen Ich nachliefen, dann – dann sei das eben unsere Entscheidung, die Gott respektieren würde ... Aber kein Sanitäter auf der Autobahn, der den Schwerverletzten liegen sieht, wird dessen „Freiheit", dumm und falsch gefahren zu sein, „respektieren" und ihn liegen lassen ...

Wie viel weniger der Urheber unseres Glaubens, der vom Herzen des Vaters kommt! Er denkt und handelt ganz anders, als Menschen denken. Als Antwort auf solch menschliches Denken formulierte Jesus das Gleichnis vom verlorenen Schaf:

Da hat jemand hundert Schafe, und eines davon geht verloren ... Hier schon müssen wir innehalten: Das ist nicht mehr unser Lebensraum. Keiner von uns besitzt hundert Schafe, hat so viele vielleicht noch nicht einmal aus der Ferne gesehen oder ist mit ihnen über Tage und Nächte in freier Natur gewandert. Wenn man in der judäischen Wüste einem jungen Beduinen begegnet, der seine 70 Schafe und Ziegen zwischen Steinen und Felsen nach Gras suchen lässt, oder dem kleinen Mädchen bei Beersheba, das frühmorgens die zehn Ziegen und Schafe die Hügel hinauftreibt, dann ahnt man vielleicht, dass man diese Welt so gut wie gar nicht kennt. Deswegen müssen wir uns an Jesu Bildgeschichte langsam herantasten, um nicht zu viel falsch zu interpretieren.

Als der Beduine gegen Abend die Herde zusammentreibt, stellt er fest, dass ein Schaf fehlt. Das sagt uns, dass der Hirte eine persönliche Beziehung zu seinen Tieren hat, jedes mit Namen rufen könnte. Dass er also merkt, wenn von hundert eines fehlt. Er muss sie gut kennen und im Blick haben.

Gegenprobe: Merken wir Priester am Sonntag in der heiligen Messe, wenn von hundert Besuchern einer fehlt? Fragen wir nach ihm? Gehen wir ihm nach, bis wir ihn finden, im Krankenhaus? Oder beim Unterschreiben des Austrittsformulars?

Natürlich hat der Hirt auch Hunde bei sich, um eine so große Herde zusammenzuhalten und zu schützen. Aber ein

Tierchen ist dennoch ausgerissen. Es hatte immer schon seine Sondertouren: mal ein Gräschen rechts am Weg, mal ein Büschlein links vom Pfad, dann dort hinter dem Felsen duftende Kräuter, dann links im Tal einige Blumen, die so köstlich schmecken …

Seine Sondertouren verlangten nicht nur vom Hirten besondere Aufmerksamkeit, sie erregten auch den Zorn und Neid der braven Schäfchen: Was das Ding sich da alles herausnimmt! Das ist ja unerhört! Da muss der Hirt doch einschreiten! Das darf Gott nicht durchgehen lassen! Das soll gefälligst so dahintrotten wie wir alle auch!

Und dann, eines Tages, ein jämmerliches Mähmäh, von weit weg, kaum zu hören … Endlich! Das musste mal kommen. Wir haben's gewusst, das konnte nicht gut gehen. Das durfte auch nicht gut gehen. Gott ist gerecht. Diesen Störenfried sind wir los. Jetzt haben wir wieder Ruhe in unserer Gemeinde …

Und dann geschieht das Unfassbare: Der Hirt gibt seinen vier Hunden einen Befehl; die kreisen die 99 sorgfältig ein – und er selbst geht in Richtung der angstvollen Rufe des verirrten Schäfchens. Er findet das Gesuchte, das – aus Neugier natürlich – zu nahe an eine birnenförmige, tiefe Zisterne herangetrippelt und dann abgerutscht ist. Nun liegt es unten auf dem schlammigen Boden. Es kann sich selbst nicht mehr retten. Es ist verloren. Nur noch um Hilfe schreien ist möglich.

Wechseln wir auf die Ebene der Theologie und des Glaubens. Das Gleichnis will ja, wie wir eingangs feststellten, etwas über Gott aussagen: wie Gott mit Sündern, mit Verlorenen umgeht. In diesem Gleichnis dürfen wir eine Steigerung erwarten, eine Steigerung zunächst in der Verlorenheit. Dieses Schäfchen kann nicht mehr zurückkehren wie der verlorene Sohn. Es ist tatsächlich verloren. Kraft, Wille, Einsicht oder Natur reichen nicht aus; es ist gefangen in seiner Leichtfertigkeit, in seinem Ungehorsam, in Lebensumständen – egal worin: Es wird zugrunde gehen. Gerade schreien kann es noch.

Aber nun gibt es auch eine Steigerung bei Gott.

Bei solch einem Verlorenen bleibt Gott nicht zu Hause sitzen und wartet. Nein, er verlässt sein Haus und macht sich auf den Weg. Die 99 Gehorsamen, die die Zuwendung und Aufmerksamkeit ihres Hirten wahrlich „verdient" haben, müssen sich nun gedulden. Denn der eine Verlorene braucht ihn, den Hirten, in diesem Moment äußerster Bedrohung mehr als die anderen. Es ist eine „Zumutung" für die Gehorsamen, aber eine aus Liebe. Auf dass die Herde ausnahmslos und ohne Verlust zusammenbleibe ... („Ein Hirt und eine Herde, vereint in Ewigkeit" ..., wie es in einem wunderbaren Kirchenlied heißt.) Gott schenkt seine Gnade denen zuerst und mehr, die sie mehr brauchen. Und deswegen bringt der gute Hirte sich selbst in Lebensgefahr, lässt sich an einem festen Strick hinab in die Grube, um das dumme Ding zu retten, heraufzuholen aus Schlamm und Morast; er steigt da hinunter, wo jemand sich selber nicht mehr befreien kann.

Wenn der Mensch nicht mehr umkehren kann, dann kehrt Gott zum Menschen um. Um ihn zu retten. Das ist unser Gottesbild, unser Glaube.

Gott wirft niemanden in die *Gehenna*, im Gegenteil: Er holt ihn von dort heraus.

Kehren wir noch einmal zurück zu unserer Exerzitiengruppe. Die Frau sitzt immer noch da. Jetzt sind es Tränen der Freude, die ihr still herunterlaufen. Aber dann hebt sie den Kopf und fragte noch einmal:

Aber was ist, wenn ein Mensch nicht einmal mehr um Hilfe rufen kann? Wenn er ganz tot ist, außen und innen? Wenn ihm an Gott, am Leben nichts mehr liegt? Wenn er überhaupt nichts mehr will, gar nichts, nur noch tot sein, ohne jeden Kontakt? Was macht Gott dann?

Und auch auf diese Frage hat Jesus gewartet, und er gibt die Antwort seines Vaters im Himmel, kostbar eingehüllt in das Gleichnis von der verlorenen Drachme.

Beim Evangelisten Matthäus, der die Dreizahl liebt, stände dieses Gleichnis in der Mitte der „drei Verlorenen" – denn in die Mitte stellt Matthäus gern die zentrale Aussage, die alles zusammenhält. Vielleicht hat Lukas das hier einmal übernommen.

„Oder wenn eine Frau zehn Drachmen hat und eine davon verliert ..."

Auf dem Höhepunkt seiner Offenbarung, wie Gott ist und handelt, stellt Jesus Gott dar in der Gestalt einer Frau. Wohl deswegen, weil eine Frau, eine Mutter länger sucht als ein Mann. Der Mann stellt die Suche nach fünf, sieben, neun Tagen ein: ergebnislos, keine Aussicht mehr, etwas zu finden. Eine Frau gibt die Suche nie auf, eine Mutter sucht ihr Kind bis in alle Ewigkeit. Deswegen musste Jesus hier eine Frau die Handelnde sein lassen.

Sie hat ein Geldstück verloren, zündet eine Lampe an und fegt das ganze Haus …

Ein Geldstück, eine Drachme, ist ein lebloses Ding. Die Drachme kann nicht laufen, kann nicht rufen. Sie ist ein Bild für etwas Totes: tot, innen wie außen. Und dieses tote Ding rollt auch noch weg und ist verschwunden. Es ist die äußerste Steigerung von „verloren".

Das griechische Wort, das Lukas für „Haus" benutzt, lautet *oikía*, ein normales Wort für Haus, auch für „Zimmer" wurde es gebraucht. Damals bestanden die Häuser der kleinen Leute nur aus einem Wohnraum, ohne Fenster, im Türeingang schliefen nachts die Tiere. Der Boden eines solchen „Hauses" war nicht mit Holzdielen oder Mosaiken ausgelegt, sondern meist nur festgestampfte Erde; nicht selten bestand die Erde aus dem Schutt früherer Häuser, die dort gestanden hatten. Vielleicht war in der Mitte des Zimmers ein einfacher Teppich darübergelegt. Wenn dort also ein Geldstück wegkullerte, dann konnte es schon mal in eine Spalte fallen, in alten Schutt, zwischen Steine früherer Häuser – und dort war es kaum mehr zu finden. Also nimmt die Frau einen Besen, zündet eine Lampe an und sucht …

Sie sucht „unermüdlich, bis sie findet".

Das ist das Geheimnis des Herzens Gottes, des Gottes

voller Liebe. Für ihn gibt es nichts Verlorenes, Unauffindbares. Er sucht, bis er findet.

Tatsächlich klingt im griechischen Wort, das unsere Übersetzung mit „unermüdlich" wiedergibt, auch „am Herzen liegend" mit. Jeder Verlorene liegt Gott am Herzen – und *er* sucht nicht nur einen Tag, nicht nur zehn Tage, nicht nur eine Ewigkeit oder hundert – *er* sucht bis ... *bis er* findet! Er wird sein himmlisches Gastmahl für alle Völker nicht eher beginnen, bevor er nicht den letzten Verlorenen auf seinen Schultern nach Hause getragen und an den von ihm vorgesehenen Platz der Feier gesetzt hat.

Das Maß unserer Verlorenheit wird für Gott zum Maß seines Suchens. Je inaktiver ein Mensch, desto aktiver wird Gott, bis er ihn findet.

Der Schächer am Kreuz, der noch um Hilfe bittet, ist wie das Schaf, das um Hilfe ruft. Der andere, der nicht mal mehr um Hilfe bittet, ist wie die verlorene Drachme – dann wird Gott maßlos, bis er auch ihn findet.

Am Ende auch hier, wie schon beim verlorenen Schaf, die Feier des Himmels und der Erde: Gott will feiern, mit allen Wiedergefundenen. Und das sind wir alle, ein jeder. Gott ruft alle zusammen, von rechts und links, mit ihm zu feiern. Sich mit ihm zu freuen. Wo ist das Bild dieses Gottes, der sich freut, maßlos freut, weil er Verlorene wiedergefunden hat?!

Gott freut sich natürlich auch über jene, die gar nicht mehr umkehren müssen, sagt das Evangelium, aber eben mehr, weit mehr über auch nur einen Sünder, der sich umkehren ließ, wandeln ließ und neues Geschöpf wurde in den Armen seines Gottes, der ihm entgegenläuft.

Es ist gut möglich, dass die Jünger bei diesem Konflikt mit den Pharisäern und Schriftgelehrten dabei waren. War Judas auch dabei? Hat er etwa auch mit Zöllnern und Sündern am Tisch gesessen und mit ihnen gegessen? Hat er vielleicht auch dieses Gleichnis von der verlorenen Drachme gehört? Es wird ein Tag für ihn kommen, da hält er solch einen Silberling in seinen Händen, gleich dreißig davon – und er wird sie wegschmeißen, dass sie wegkullern und verloren sind. Kein Mensch wird sie suchen.

Ob er sich an jenem Tag an diese eine Drachme erinnern wird, die auch wegkullerte? Verloren war? Aber die der Meister selber suchte, auf seinen Knien, dreimal blutig kniend, bis er sie fand?

Hat Jesus in dieser Drachme schon das Ende seines Judas dargestellt? Nicht nur dessen Ende auf der Erde, sondern seine Voll-Endung im Himmel?

Und noch etwas steckt in diesem Gleichnis von der verlorenen Drachme:

Nach der Sitte der Beduinen gilt bis heute, dass der Mann seine Ehre verloren hat, wenn seine Frau etwas, das ihm gehört, verliert. Sie hat eine Drachme verloren. Und somit hat der Mann seine Ehre verloren, weil seine Frau unzuverlässig war. Jesus hat diese kulturelle Gegebenheit gewählt, um das maßlose Suchen des Sohnes Gottes (unter dem Bild der Frau) darzustellen; aber indem er sich selber in die Gestalt der Frau kleidet und sucht, bis er findet, will er sagen, dass er vor seinem Vater im Himmel nicht unzuverlässig ist. Er wird suchen, bis – bildlich gesprochen – die Ehre des Vaters wiederhergestellt ist. Er wird finden, was dem Vater gehört. Er wird sich als zuverlässig erweisen.

Es geht um die Ehre seines Vaters, wenn Jesus alle Sünder, alle Menschen finden, wiederfinden und mit ihnen ein Fest feiern wird.

Exkurs
Das eigene Leben ordnen

Auf das im vorangegangenen Kapitel Dargelegte kann man und muss man einen vierten Einwand erheben: Wenn das so ist, dass Gott in seiner Suche aller Sünder maßlos ist, dass er suchen wird, bis er findet, dass die Verlorenheit eines Menschen für Gott zum Maß seines noch größeren Suchens wird – können wir Menschen dann nicht ruhig sündigen, die Hände in den Schoß legen und nach Lust und Laune leben? Gott wird ja schon alle Aktivität übernehmen, uns zu retten!?

Bereits zu Zeiten des hl. Paulus waren Christen in Rom auf diese Idee gekommen, und Paulus musste deutlich antworten: „Heißt das nun, dass wir an der Sünde festhalten sollen, damit die Gnade mächtiger werde? Keineswegs!" (Röm 6,1f).

Gewiss bleibt es dabei: „Wo die Sünde mächtig wurde, da ist die Gnade übergroß geworden" (Röm 5,20). Das ist die grundlegende Wahrheit: So handelt Gott.

Aber wie handelt der Mensch?

Wer nach Lust und Laune lebt, hat noch nicht die Ebene der Liebe erreicht, jener schenkenden Beziehung, die Gott zu uns hat und in die wir zu ihm hineinwachsen sollen, damit sie auch zum Prinzip der Menschheit werde. In dieser personalen Beziehung der Liebe, so sie einmal erkannt und erfahren worden ist, *kann* der Mensch sich gar nicht mehr in Faulheit und Egoismus zurücklehnen und Gott alles machen lassen. Er wird im Gegenteil sich Gott anbieten zu *seinem* Dienst und sich aufreiben für das Reich Gottes – nicht aus Angst oder weil er muss, sondern aus Dank und aus Freude, aus der tief empfundenen Liebe, die gar nicht anders kann, als auf die Liebe Gottes liebend zu antworten. Und Liebe rechnet nicht.

Schon als Kinder haben wir das in den Zeiten nach dem Krieg in Berlin erfahren: Gewiss sorgten unsere Eltern für uns, immer und ohne Bedingung. Aber gerade dieses selbstlose Sorgen für uns weckte in uns Kindern den Dank und mit ihm die Bereitschaft, unseren Anteil am gemeinsamen Leben beizutragen. Angesichts der Zuwendung unserer Eltern konnten wir nicht mehr faul sein und sie alles machen lassen.

Eine zweite Tatsache kommt hinzu: Gott will retten, und er wird jeden retten. Aber er möchte auch jeden Menschen vor großer Pein bewahren, wenn dieser nach einem lieblosen, egoistischen, zerstörenden Leben im *Purgatorium* „wie durch Feuer hindurch" gewandelt wird. Um die „himmlische Reha" kommt aber wohl niemand herum. Dann aber geht es in unserem irdischen Leben schon jetzt darum, das eigene Leben zu ordnen nach dem Maßstab der Liebe, des Einander-Dienens. Nur durch dieses schenkende Füreinander wird der Mensch glücklich und lebt die Menschheit in Frieden zusammen, über jede Grenze und Andersartigkeit hinweg, die befruchtend bestehen bleiben.

Aber wie bringt man in sein Leben eine Ordnung hinein, die einen glücklich macht, sodass man am Ende auf ein erfülltes, sinnvolles Leben zurückblicken kann – und getrost vorausschauen auf die Wandlung, die Gott uns noch schenken wird? Dazu eine Begebenheit. Mitte der 90er-Jahre brachte ich wie-

Exkurs: Das eigene Leben ordnen

der einmal Hilfsgüter zu meinem Aufbauprojekt nach Estland. Ich musste dieses Mal einen Lkw benutzen und fuhr ihn auf einer Frachtfähre über die Ostsee hinauf. Auf einer solchen Frachtfähre ist man gelegentlich der einzige Passagier; man kann überall herumgehen. Es herrschte an diesem Tag dichter, sehr dichter Nebel. Ich stieg auf die Brücke und wollte zusehen, wie der Kapitän seinen alten Kahn durch die graue Wand steuerte. Mein Auge konnte nicht einmal die Bugspitze des Schiffes erkennen. Und dann entdeckte ich etwas, was mir für das Leben jedes Menschen von allerwichtigster Bedeutung schien.

Der Kapitän hatte sein altes Radar eingeschaltet. Er legte den ersten Schalter um, und man sah einige weiße Punkte auf dem Schirm, der auf etwa 25 Seemeilen eingestellt war. Jeder Punkt sei ein anderes Schiff, erklärte der Chef und zeigte auf unseren Punkt. Dann legte er einen zweiten Schalter um, jetzt wurden zu den Punkten Linien hinzugefügt: Daran erkenne man die Fahrtrichtung jedes einzelnen Schiffes, lernte ich. Ein dritter Schalter: Es wurden Zahlen zu den Linien hinzugefügt, sie gaben den Kurs des jeweiligen Schiffes an – und ich erkannte mit Sorge, dass sich einige Linien kreuzten. Aber der Blick nach draußen ließ nichts erkennen! Ein vierter Schalter: Jetzt berechnete das Radar, welche Schiffe bei dem eingeschlagenen Kurs mit welchem anderen Schiff, wenn das seinen Kurs weiter verfolgte, in wie vielen Minuten zusammenstoßen würden ...

Aber im Nebel sah man die Gefahr nicht.

Das ist ein Gleichnis für das Leben jedes Menschen. Jeder von uns wird tagtäglich über alle Jahre hinweg von seiner Seele und was in ihr abläuft gesteuert. Es sind unzählbar viele Faktoren, die unser Verhalten, unser Tun und Lassen, unser Sprechen und die Reaktionen leiten und bestimmen. Und bei manchen Menschen könnte man voraussagen: Wenn du so weitermachst, dann wird es einen Zusammenstoß geben, eine Katastrophe. Ich sehe das kommen. Wenn du dein Leben nicht änderst, wirst du untergehen. Das Schlimme dabei ist: Der ungeübte Mensch, der keinen „Radar-Blick" hat, der sieht die Gefahr nicht und fährt weiter im Nebel seines Lebens. Wenn er die Gefahr endlich bemerkt, ist es gewöhnlich zu spät.

Die samaritische Frau vom Brunnen von Sychar ahnte wohl in ihrem Leben, dass sie mit ihrem Verhalten immer wieder in neue Zusammenstöße hineinlaufen und schließlich untergehen würde zwischen Tuscheln und Tränen. Aber sie wusste nicht, wie sie die Katastrophen vermeiden könnte. Und der jüngere Sohn aus Jesu Gleichnis hätte ebenfalls voraussehen können, wo und wie sein Leben enden würde, wenn er sich nicht schleunigst Rat holte und einen Steuermann anstellte, dem er folgen würde.

Und Judas? Er machte sich wohl zu wenig Gedanken über den Kurs seines Lebens – wie auch über den Kurs des Lebens Jesu; er achtete nicht darauf, was ihn untergründig bestimmte und in eine Richtung lenkte, die zu einem Zusammenstoß führen musste. Er ließ sich von keinem „Kapitän" kritische Worte sagen, denen er gefolgt wäre. Den anderen Aposteln erging es übrigens nicht viel anders.

Jeder Mensch muss sich über den Kurs seines Lebens im Klaren sein. Dazu braucht er Orientierungspunkte und Erfahrung, etwas oder jemanden, der das noch Unsichtbare schon sichtbar macht.

Wenn die Menschen früher über die Meere segelten, dann gab es einige, die es verstanden, des Nachts den Kurs und die

Richtung ihres Bootes anhand der Sterne zu bestimmen und tagsüber mithilfe der Sonne; andere suchten erfahrene Seebären, die mit ihrer Kenntnis und ihrem Gespür den richtigen Weg fanden. Heute kommen Lotsen an Bord, wenn es in den Hafen hineingeht. Und ohne Fluglotsen käme kein Flugzeug sicher auf die Erde zurück. Und unsere Versicherungen zwingen uns, Vorsorgeuntersuchungen durchzuführen: Wenn du weiterhin so viel trinkst und rauchst, wenn du dies und das nicht untersuchen und notfalls entfernen oder erneuern lässt, dann kommt eine schwere Krankheit – und wir bezahlen dafür nicht. Und natürlich müssen unsere Autos jedes Jahr zur Inspektion ...

Auf den Körper, auf das Auto achten wir.

Und auf die Seele?

Ich musste einmal zu einer Notuntersuchung in ein großes Krankenhaus. Die Ärztin stellte bald fest, dass nichts Schlimmes vorlag. Wir kamen ins Gespräch. Sie fragte mich, was für einen Beruf ich vielleicht noch ausübte. Ich sagte ihr, ich sei Priesterseelsorger. Sie war interessiert und wollte wissen, was das sei und wie das gehe. Als ich es ihr erklärt hatte, meinte sie spontan: Da können sie gleich hier mit uns Ärzten anfangen ...

Heute stellen große Firmen sogenannte *compliance officers* ein. Skandale, Bestechungen, Manipulationen aller Art und Ausschweifungen, die in den letzten Jahren fast überall an den Tag kamen, haben den Ruf nach „ethischen Marschalls" für Unternehmen laut werden lassen. Diese haben für Zucht und Ordnung zu sorgen und dafür, dass gesetzliche und regulatorische Bestimmungen sowie gesetzte ethische Standards und Anforderungen eingehalten werden. Mit anderen Worten: Der *compliance officer* ist so etwas wie ein Beichtvater für das Unternehmen, aber er ist nicht an eine Schweigepflicht gebunden, im Gegenteil, er muss dazwischenfunken – falls er nicht selber von einem Chef ausmanövriert wird.

In unserer katholischen Kirche ist das Sakrament der Versöhnung, die Beichte, im Niedergang begriffen, vielerorts ist es schon ganz verschwunden. Die evangelische Kirche setzt zaghafte Schritte, die Beichte in ihren Gemeinden wieder heimisch zu machen. An manchen Orten haben Pfarrer Bußgottesdienste für die Fastenzeit vorbereitet, die immer wieder hervorragend gestaltet sind. Aber der „Beichtstuhl", dieses alte, erprobte Instrument zur Lebensordnung und Lebensführung, ist weithin zur Abstellkammer für alte Stühle und zum Raum für Spinnweben degradiert.

Vielleicht sagt Gott uns: Für diese jetzige Zeit braucht ihr ein neues „Radar", ein neues Hilfsmittel, um sicher durch die Nebel eures jetzigen Lebens zu finden.

Denn es ist ja nicht so, als würden die Menschen unserer Zeit niemanden mehr suchen, mit dem sie über die Ordnung ihres Lebens sprechen könnten, über Sinn und Ziel ihrer Tage – aber die wenigen Priester, die es noch gibt, haben für solche Gespräche oft keine Zeit oder auch zu wenig Ausbildung; und derartige Aussprachen, wenn sie helfen sollen, können lang dauern und finden vielleicht auf einem Spaziergang statt, nicht im alten Beichtstuhl. Und so gehen die Menschen heute überall dorthin, wo jemand zuhört. Das traditionelle Angebot unserer Kirche wird kaum mehr gefragt.

Aber die Not ist da. Überall dieselbe Not.

Vor über zwanzig Jahren haben Jesuiten die Einrichtung des „Geistlichen Begleiters" neu entdeckt. Es hat ihn schon seit den ersten Jahrhunderten der Christenheit gegeben, bei den ersten Mönchen in der ägyptischen Wüste oder in Kleinasien bei Basilios dem Großen oder bei Benedikt, dem Vater des abendländischen Mönchtums. Auch die russischen Starzen zählen zu diesen „helfenden Begleitern"; die Mönche auf dem Berg Athos waren für lange Zeit das Zentrum des Starzentums.

Aber durch die Sakramentalisierung des kirchlichen Lebens geriet die Einrichtung des Geistlichen Begleiters in den Hintergrund – heute, so scheint es, holt Gott selber sie wieder in den Vordergrund.

Diese Geistlichen Begleiter müssen keine kirchliche Weihe haben, sie können Mann oder Frau sein, sie müssen kein Studium abgeschlossen haben, sie können jung oder alt sein – aber sie müssen Erfahrung haben, aus der Heiligen Schrift leben, in Christus wohnen, sie müssen demütig sein, vertrauensvoll, schweigsam und liebend. Nicht selten haben sie selber dunkle Nächte in ihrem Leben durchlaufen, und aus dieser Erfahrung der Ohnmacht sind sie demütig und weise geworden. Sie halten keine langen Vorträge, sie hören zu, spüren die Not des anderen und woran er leidet, und sie geben einen Rat, manchmal mit nur wenigen Worten. Aber diese treffen die Sache.

Der geistliche Begleiter nimmt sich zurück und lässt den Geist Gottes wirken.

Es gibt diese Geistlichen Begleiter. Aber es gibt zu wenige. Natürlich ist es ratsam, dass sie eine ausreichende Bildung haben – wenn sie sich ihrer Verantwortung bewusst sind, merken diese Menschen es selber – und Bücher in praktischer, praxisnaher Psychologie lesen, um die dort aufgeschriebenen Kenntnisse mit ihrer eigenen Erfahrung zu verbinden und so besser helfen zu können. (Es gibt auch Angebote zur Ausbildung zum Geistlichen Begleiter.) Diese Helfer müssen auch merken, wann ein „Fall" ihre Möglichkeiten übersteigt und ein Spezialist hinzugeholt werden muss.

Aber im Allgemeinen geht es um sehr normale Grundfragen: Was bestimmt mich? Was wurmt mich? Wo ist Unruhe in mir? Wo bin ich unzufrieden? Welche Ängste bestimmen mich? Wie sehen mich andere? Usw.

In der Regel reicht es, sich jedes halbe Jahr mit dem Begleiter zu treffen, aber manchmal sind häufigere Treffen ratsam, und diese über einen längeren Zeitraum hinweg. Wichtig ist vor allem, im gemeinsamen Gespräch das Ziel herauszuarbeiten und zu formulieren, auf das ich in meinem Leben zugehen will. Worum soll es mir in meinem Leben vor allem anderen und in allem gehen? Was würde mich zutiefst in Frieden sein, mich am Ende meiner Tage auf Sinnvolles zurückblicken lassen?

So manch einer, der Amokläufer wurde oder Diktator, war einmal ein „normaler" Junge, ein Heranwachsender – was hätte vielleicht vermieden werden, auf die rechte Bahn gelenkt werden können, wenn jemand mit wachsamem Blick und Freundlichkeit diesen Menschen begleitet hätte! Aber, es lässt sich nicht alles verhindern. Jesus konnte nicht verhindern (oder ließ er es wachen Blickes zu?), dass zwei seiner zwölf Jünger zum Verräter bzw. Verleugner wurden, und dabei waren sie jeden Tag bei ihm.

Auch ein Geistlicher Begleiter ist nicht vor hilflosen Phasen gefeit. Er wird dennoch nicht dirigierend eingreifen, er wird auf keinen Fall selber entscheiden oder manipulieren und sich sein Geschöpf schaffen; er wird immer im Glauben damit rechnen, dass Gott selber alle Fäden in den Händen hält und über den Tod hinaus alles zum Guten lenkt. Aber er wird nachfragen, aufmerksam registrieren, wenn etwas fehlt in Darstellungen, wenn etwas übergangen wird, wenn Gefühle ungefiltert den Verstand verdrängen, wenn die Augen oder die

Sprache verraten, dass jemand einer Erkenntnis ausweicht usw. Dazu ist viel Geduld erforderlich. Papst Franziskus spricht vom „Martyrium der Geduld".

Hinter all dem steckt die Weisheit, dass es vor allem unsere Seele mit ihren zahllosen Trieben ist, die uns „treibt", die uns bestimmt, unsere „Stimmung" schafft, aus der heraus Gutes oder Böses erwächst. Keiner dieser Triebe ist von sich aus schlecht oder böse, im Gegenteil: Sie sind alle gut, vom Schöpfer gut geschaffen, um Gutes zu bewirken – aber jeder Trieb kann, wird er nicht gezähmt und beschnitten, zu bösen, zerstörenden Folgen führen.

Tatsächlich kann man an der „Stimme" die „Stimmung" einer Person erahnen. Das allermeiste wird im Menschen ja weniger im Verstand, sondern in der Seele, in deren vielen Schichten vorbereitet. Die wiederum unterliegen zahllosen Einflüssen, nicht selten solchen aus frühester Kindheit, die gar nicht mehr bewusst sein müssen. Der erfahrene Geistliche Begleiter bemerkt diese Einflüsse; er ist einem „Frühwarnsystem" im Ozean vergleichbar, das jene Schwankungen des unsichtbaren Ozeanbodens schon erspürt, aus denen später einmal verheerende Tsunamis erwachsen können.

All das hier kurz Angedeutete, das auf ein Individuum hin formuliert ist, kann auch auf ein großes Unternehmen übertragen werden, mit den nötigen Modifikationen und Ergänzungen. Natürlich und vor allem auch auf die Führungsetagen in Wirtschaft, Sportverbänden, Banken, Kirche u. a. m. Dabei wird sich die Erfahrung wiederholen: Je höher jemand verortet ist, desto schwerer wird er/sie sich tun, sich „begleiten" zu lassen. Gerade die aber, die andere leiten, müssten eigentlich am meisten um sich selbst besorgt sein und einen Geistlichen Begleiter an ihrer Seite haben – nicht nur eine Diät-Assistentin.

Doch die Erfahrung zeigt: Diejenigen, die eigentlich schon gut durchs Leben laufen, suchen sich oftmals eher einen guten Geistlichen Begleiter, während diejenigen, die ihn dringend bräuchten (und alle Welt um sie herum sieht das), lehnen bis zum letzten Tag strikt jede Begleitung ab und erklären eine solche für absolut unnötig.

Wir müssen uns auf eine Kirche mit immer weniger Priestern vorbereiten. Die Beichte aber ist an den Priester gebunden. Sie dient zur sakramentalen Vergebung von Sünden. Doch nach meiner über 45-jährigen Erfahrung im Beichtstuhl geht es bei gebeichteten Sünden in hohem Maße um Probleme des Einzelnen in seinem Alltag, mit denen er nicht fertig wird. Beichte und Sündenvergebung sind dann vielleicht ein „initiales" Mittel zur Bewusstmachung des jeweiligen Problems, langfristig aber nicht ausreichend, um diesem Menschen nachhaltig zu helfen. Es bedarf der Ergänzung im längerfristigen Gespräch und Austausch. „Was hilft mir mehr zu dem, was ich suche?", ist eine grundlegend helfende Frage. Immer mehr Menschen haben auch kaum noch einen Bezug zum Thema „Sünde"; das ist verständlich, denn in einer „Sünde" geht es wesentlich um einen persönlichen Bezug zu Christus Jesus – wenn der mir fremd geworden ist oder ganz fehlt, sind „Sünde" oder „Beichte" nur leere Worte. Die Geistliche Begleitung kann in ihrer dienenden Funktion über Gespräch und Reflexion den Weg bereiten, die Beziehung zu Christus wieder lebendig zu machen, und das Vorfeld von dem ins Bewusstsein rücken, was man „Sünde" nennt.

Ein „Radar" für den eigenen Alltag

Was aber, wenn es einen guten Geistlichen Begleiter in meiner Nähe nicht gibt? Wenn ich erst 200 km oder mehr fahren müsste und dieser gute Mensch nur selten Zeit für mich hat? Gibt es auch dann eine Lösung, ein „Radar", das mich durch den Nebel meiner Alltage und Routine sicher hindurchlotst?

Ja, solch ein „Radar" gibt es. Aber zuvor muss man wissen, wohin man im Leben steuern will. Was ist mein Ziel? Es ist überaus notwendig, mir Gedanken zu machen, jedes Jahr neu, was das Ziel meines Lebens sein soll, worauf es mir vor allem und in allem ankommt, woran man mich erkennen soll. Als Basilios der Große seine Mönchsgemeinschaften im Pontus (in der heutigen Südost-Türkei) ins Leben rief, hat er ihnen eine Regel geschrieben; sie bestand aus Sätzen der Evangelien. Das ist eine einfache Methode, die jeder für sich anwenden kann: Ich lese die Evangelien und schreibe mir die Sätze Jesu heraus, die mich ansprechen und mir für mein Leben passend, für seine Gestaltung und das Ziel meiner Absichten förderlich erscheinen. Etwa: Dem Mitmenschen zur rechten Zeit geben, was der zum Leben braucht. Oder: Was du willst, dass man dir tu', das tue anderen. Oder: Seid barmherzig, wie euer Vater im Himmel barmherzig ist. Oder: Liebt einander.

Geht man so die Evangelien durch, wird man selber erstaunt sein, wie viele solcher Prinzipien für ein gelungenes, sinnvolles Leben man in den Worten und Taten Jesu findet. Mit der Zeit, und diese Zeit soll sich jeder geben, soll man den Satz heraussspüren, der einem selbst mehr zusagt: Mit welchem Satz möchte *ich* leben und handeln? Welchen Satz will ich verwirklichen? Ein Satz reicht. Aber den jeden Tag mir neu ins Herz nehmen. Ich kann ihn auch aufschreiben und an einer geeigneten Stelle am Leib oder in der Kleidung mit mir tragen, damit er mich immer erinnere.

Ein Kapitän, der nicht weiß, welchen Hafen er ansteuert, der braucht auch kein Radar. Wenn jemand aus dem Haus geht, aber kein Ziel hat, mag er rechts oder links entlanggehen, es ist egal, sinnlos. Sinn definiert sich immer vom Ziel her. Wer kein Ziel im Leben hat, der weiß nicht, ob er richtig oder falsch lebt. Der kann sich nicht korrigieren, letztlich fühlt er sich unwohl. Sich ein Ziel zu setzen, von einem Ziel her zu leben und die Tage zu gestalten, ist eine grundlegende menschliche Fähigkeit. In allen Bereichen der Wirtschaft, des Sports, des Militärs entwirft man zuerst ein Ziel, um dann zu fragen, wie man am besten dorthin kommt. Nur im allerwichtigsten Bereich des Menschen, dem seiner eigenen Seele, wird dies oft vergessen: Was soll das Ziel meines Lebens sein?

Wenn man solch ein Ziel für sich gefunden und formuliert hat, dann kann man seinen Tag danach gestalten. Dazu möchte ich eine sehr einfache Methode vorlegen; sie muss auch ganz einfach sein und darf nur wenig Zeit in Anspruch nehmen, sonst wird man sich schnell entschuldigen, dafür heute keine Zeit zu haben. Dabei geht es vor allem darum, das zu erspüren, was mich untergründig bestimmt und leitet.

Drei Zeiten sind es, die mich auf Kurs halten.

Erstens morgens beim Aufstehen. Während ich noch im Bett liege oder, sei es mit Schwung, sei es mit Stöhnen, die Beine herausschwinge, kann ich einfach sagen: Herr, da bin ich wieder. Um mit dir durch den Tag zu gehen. Es soll mir wieder darum gehen, dich in allem zu suchen und zu finden – wenn dies das Ziel ist, das ich mir vorgenommen habe. Beim Waschen oder Duschen habe ich gewiss eine halbe Minute Zeit, mir den Tag anzuschauen und was da auf mich zukommt: Das reicht schon, um mich innerlich einzurichten und Gott in allem zu finden. Und während ich mich anziehe, kann ich murmeln, dass ich letztlich dich anziehen will, Christus Jesus, meinen Herrn.

Diese Übung muss so kurz und schlicht sein, dass sie niemals auszufallen braucht. Sie ist eingefügt in das, was wir sowieso jeden Morgen tun, und erfordert damit keine eigene Zeit. Wenn ich sie vergesse, ist das nicht schlimm, morgen will ich daran denken. Nicht die Länge der Übung ist entscheidend, sondern die Treue, sie jeden Tag zu tun.

Zweitens zur Mittagszeit. Die Mittagszeit sieht für jeden Menschen anders aus. Aber für jeden Menschen gibt es eine Zeit zur Mitte des Tages. Auch hier gilt es wieder, eine Übung zu finden, die eingefügt ist in etwas, was ich ohnehin tue, was keine extra Zeit kostet. Einige Beispiele:

Da ist das Telefon; das Telefon hat in unserer Zeit meistens Vorfahrt. Man sagt „Entschuldigung", wenn jemand noch im Raum ist und bleibt, und geht ran ... „Ach Liebster, das ist schön, deine Stimme zu hören, wie geht es dir? ... Schweigen ... Ich bin auch zufrieden, ja, einige Fragen, Probleme, aber das packen wir ... Ich bin dankbar, dass du da bist, nach mir und uns allen schaust ..." – Das ist aber nicht das Gespräch der Ehefrau mit ihrem Mann, sondern das Gespräch des Menschen mit seinem Schöpfer, seinem „Liebsten".

Oder folgende Übung: Jeder von uns geht auch mittags mal ins Bad, auf die Toilette. Ziemlich sicher sind wir dort, wenigstens dort, allein. Ungestört. Diese Zeit kann man nutzen, etwa beim Händewaschen: „Herr, reinige all meine Gedanken, meine Wünsche, meine Triebe, schaffe all die Unruhe aus mir fort, die Aggression, mach mich wieder friedvoll, gesprächsbereit, dass ich den Wohlgeruch deiner Freundlichkeit verbreite ..."

Man muss erfinderisch sein. Das ist man nur, wenn man will, wirklich will, weil man den Sinn, die Notwendigkeit solcher Übung einsieht. Immer sollte die Übung des „Betens vor dem Essen" dazugehören. Gerade mittags gehen wir essen, ob in der Kantine, ob auf der Straße, ob im Intercity, im Restaurant, allein oder mit Kindern zu Hause ... – immer sollten wir innehalten und beten, Gott danken, dass ich zu essen habe, dass ich gesund bin, an jene denken, die jetzt hungern. Dieses Gebet soll mit dem Zeichen des Kreuzes eingeleitet werden, die anderen dürfen, sollen sehen: Ich habe eine Beziehung zu Gott, dem Schöpfer des Himmels und der Erde. Und jeder noch so ungläubige Arzt würde mir sofort bestätigen, dass es für Seele, Körper, Geist sehr sinnvoll ist, auch nur eine halbe Minute zur Ruhe zu kommen, bevor man loslegt mit dem Essen.

Drittens am Abend. Diese Übung könnte die wichtigste sein. Dabei sieht „Abend" bei jedem Menschen sehr verschieden aus, und auch mit der Müdigkeit ist es sehr verschieden bestellt. Es geht darum, dass ich, wenn alles getan ist und auch kein Fernsehen mehr mich ablenkt, zur Ruhe komme und auf den Tag zurückschaue: Was ist da heute gelaufen? Wie ist es gelaufen? Wie war ich in allem? Auch für diese Übung gilt, vielleicht mehr als für die anderen: Sie darf keine Mühe bereiten; es darf nicht sein, dass ich schon stöhne, wenn ich nur daran denke. Gerade diese Übung am Abend muss leicht sein, einfach, geradezu einladend, entspannend, ich soll mich darauf freuen. Man kann sie allein machen oder zusammen mit dem Ehepartner. Man wählt sich eine angenehme Couch, einen bequemen Sessel; ein Gläschen Wein kann hilfreich sein oder ein Tee oder ein

Bier – wie es jeder gerade für sich für gut und wohltuend empfindet. Mich entspannen und zur Ruhe kommen, das soll die äußere Atmosphäre sein.

Die innere Struktur dieser Übung am Abend hat drei Phasen:

(1) Man beginnt mit einem Sich-Erinnern an die grundlegenden Offenbarungen unseres Glaubens, dass Gott da war, in allem, dass er alles begleitet hat, dass er alle Not der Menschen, die heute an mich herantrat, auch kennt, sie mitträgt, dass er Heil schenkt, dass wir alle auf ihn und seine Herrlichkeit zugehen, dass er für jeden Menschen einen Platz bereithält, dass er im Guten vollenden wird, was wir hier nicht schaffen. Dass er in allem und über allem war und ist und sein wird … Dies alles soll nur ein einfaches Erinnern sein, dass ich mich in den „Raum" versetze, der über allem ist, wie der Himmel über der Erde – und der Himmel beginnt schon zwischen den Gräsern.

(2) Die zweite Phase besteht in einem Zurückblicken auf den Tag und was da untergründig abgelaufen ist. Ich nenne es die „*Reflectio*" am Abend. Dazu lege ich sieben Variationen vor, damit diese Übung nicht einschläft, weil sich langweilige Routine einschleicht. Bei diesem ehrlichen Rückblick mithilfe einer der vorgeschlagenen sieben Varianten geht es auf keinen Fall darum, mich anzuklagen, zu verurteilen, zu kritisieren, Sünden zu suchen, sondern nur einfach darum, genau hinzuschauen und ehrlich die verschiedenen Stimmungen und Gefühlsschwankungen wahrzunehmen, die mich heute geleitet haben. Das reicht. An einem Abend benutzt man natürlich nur eine Variante, etwa die, zu der man heute Abend am meisten Neigung verspürt.

Variante A: Welche Gefühle, Stimmungen, Wünsche, Widerstände kamen seit heute früh in mir auf? Welche gewannen die Oberhand und haben mich länger bestimmt? Wie bin ich mit ihnen umgegangen, oder haben umgekehrt sie mich im Griff gehabt?

Variante B: Wie fühlte ich mich heute körperlich? Wo hatte ich Beschwerden? Was lag mir im Magen, auf der Leber, auf dem Herzen? Wie war es mit ausreichender Bewegung? Habe ich genügend getrunken?

Variante C: Mit welchen Menschen/Mitarbeiterinnen und Mitarbeitern/Kolleginnen und Kollegen hatte ich heute näheren Kontakt? Zu welchen habe ich Kontakt gesucht? Welchen bin ich aus dem Weg gegangen? Mit wem hatte ich Spannungen? Kam die Spannung zum Teil auch aus mir?

Variante D: Wie beurteile ich meine Familie? Meinen Arbeitsplatz? Meine Gemeinschaft? Was sind wir für ein „Haufen"? Wie sieht meine Mitarbeit in dieser Gruppe aus? Eher aktiv fördernd? Oder eher passiv mitlaufend? Oder eher hindernd, blockierend?

Variante E: An welchen Orten war ich heute? Wen habe ich da alles gesehen? Was habe ich übersehen? Möchte ich jetzt am Abend einige von diesen Menschen segnen? Sie freundlich anschauen?

Variante F: Gab es heute kleine, kurze Momente, in denen ich so etwas wie Tröstung, überraschende Freude erfahren habe?

Variante G: Wofür möchte ich heute besonders danken? Was hat mir besonders Freude gemacht? Konnte ich jemandem eine Freude machen? Habe ich Momente der Freude übersehen, gar nicht bemerkt? Wer hat mir heute eine Freude machen wollen?

(3) Die dritte Phase dieses Gebetes am Abend besteht im Danken. Danken bedeutet, dass ich mir bewusst mache, dass alles

heute ein Geschenk war, dass alles auch ganz anders hätte verlaufen können. Dass ich heute eigentlich bereichert wurde, ohne es im Moment selber bemerkt zu haben.

Nur der Mensch, der dankt, lebt bewusst, ist vorbereitet für die Zeiten, wenn dies und das nicht mehr vorhanden ist. Wenn Verzichte die Oberhand gewinnen. Im Danken sammelt man Vorrat im Glauben. Im Danken versetze ich mich in die Haltung eines Armen im Geist, das Danken öffnet meine Verschlossenheiten.

Danken ist die Fortsetzung der Eucharistie, jenes großen liturgischen Dankgebetes der Kirche. Dem Vater mit Freude zu danken, ist Ziel und Erfüllung des Lebens, bevor wir Gott schauen.

Die hier vorgelegten Gedanken, die in der Praxis erprobt sind und zugleich nur eine von vielen Möglichkeiten darstellen, sollen dazu helfen, dass jeder Mensch dazu gelangt, seinem Leben eine Ordnung zu geben, die sinnvoll ist und ihn zufrieden sein lässt. Man kann solche Übungen allein machen oder mit anderen zusammen, für Letzteres sind jedoch Behutsamkeit und Feingefühl erforderlich.

All die Menschen, denen wir auf den vergangenen Seiten begegnet sind, ob es sich um reale Personen oder um Gestalten in Gleichnissen Jesu handelt, hätten solche „Ordnung" für ihr Leben gebraucht oder hatten eine solche – Jesus hat sie sicher gehabt. Judas, dem wir uns noch genauer zuwenden wollen, hat sie anscheinend nicht gehabt oder genutzt, und wohl auch Petrus zu wenig. Aber auch dann rettet Gott sein Geschöpf, wenn dieses ohne Ordnung durchs Leben läuft. Denn *seine* Ordnung ordnet im Letzten auch unser Chaos.

Gott schenkt sein Heil

Schauen wir in diesem Kapitel noch einmal auf zwei Menschen, die damals als Sünder galten. Sie sind Jesus begegnet, oder richtiger: Er ist ihnen begegnet. Er hat sich ihnen zugewandt, von ihm ging die Aktivität aus. Schauen wir, wie er diese Menschen „nach Hause getragen" hat, und spüren wir nach, ob sie daraus eine Ordnung für ihr Leben entwerfen konnten.

Es ist nicht auszuschließen, dass Judas bei beiden Begegnungen dabei war. Wie könnte das Verhalten Jesu auf ihn gewirkt haben? War er vom „geschenkten Heil" angetan oder lehnte er es ab?

Die eine Begegnung fand in einer sehr vornehmen Villa statt, die andere in einer normalen Synagoge; einmal begegnete Jesus einem sehr reichen Menschen, das andere Mal einem sehr armen; einmal war es ein Mann, das andere Mal eine Frau; der eine war weit vom Glauben Israels entfernt, die andere suchte den Glauben; der eine war gesund, die andere sehr krank; aber beide hörten das gleiche Wort: *Sohn Abrahams, Tochter Abrahams* ..., und beide erhielten das Heil geschenkt, das neue Zuhause Gottes.

Der eine ist der vermögende Oberzöllner Zachäus (Lk 19,1–10), die andere ist die gekrümmte Frau ohne Namen (Lk 13,10–17). Wohl zu selten wird versucht, diese beiden Begegnungen Jesu mit Sündern zu vergleichen, wie sie miteinander übereinstimmen, wo sie sich voneinander unterscheiden. Versucht man dies, zeigt sich das Besondere jeder dieser Begegnungen noch viel eindrucksvoller und schöner.

Der Zöllner Zachäus wird von Lukas als sehr reich beschrieben, er besaß ein Vermögen. Aber zugleich war er klein von Gestalt. Die Frau war auch klein, weil sie gekrümmt von Gestalt war, aber sie besaß nur ein paar Pfennige. Ihr zu Boden gebeugter Körper hat sie ohne Zweifel von den anderen Menschen isoliert, man hielt sie, wie das damals für alle Krankheiten galt, als von Gott für irgendeine Sünde geschlagen. Bei Zachäus lässt der kleine Wuchs ebenfalls darauf schließen, dass er von anderen isoliert war; mit solch einem Wicht wollte man nicht befreundet sein – es sei denn, man war auf ihn angewiesen oder konnte von ihm profitieren.

Beide waren also isoliert, allein. Aber die Frau wusste, dass sie Sünderin war bzw. sich für eine solche halten musste; dem Zachäus war das egal, er hatte Gott und den Himmel sowieso verloren. Die Frau wollte Jesus in der Synagoge hören, der Oberzöllner war neugierig, wie so ein Prophet aussehe. Sie ging zum Eingang der Synagoge, er kletterte auf den Baum.

In der Einheitsübersetzung heißt es: In der Synagoge „saß" eine Frau … Eines Tages fiel mir das „Sitzen" auf, denn es ist bekannt, dass Frauen nicht in der Synagoge mitten unter den Männern sitzen durften, wie auch noch heute in der Moschee Frauen nicht mitten unter Männern hocken dürfen. Im Griechischen stand denn auch ganz klar: Dort „war/ *ēn*" eine Frau. Wir müssen uns also vorstellen, dass die Frau etwa am Eingang an einer Säule lehnte, weiter wagte sie nicht vorzutreten. Und weil sie gebückt dastand, konnte sie Jesus nur mühsam sehen – oder gar nicht. Nur seine Stimme hörte sie.

Eigenartigerweise war das bei Zachäus nicht ganz anders: Mitten unter die frommen Juden seiner Zeit (gar in eine Synagoge) durfte er sich nicht wagen, sie hätten ihn mindestens verprügelt; so blieb er hinter der schützenden Mauer seines Anwesens. Er war zwar nicht gekrümmt, aber er war klein von Wuchs, und so musste auch er etwas unternehmen, um Jesus sehen zu können. Die Frau war eigens zur Synagoge gekommen, um Jesus zu hören, Zachäus stieg eigens auf den Baum, um den außergewöhnlichen Propheten zu sehen. Der Frau blieb die Sicht wegen ihrer gekrümmten Haltung eingeschränkt, dem Zachäus durch die Äste und Blätter seines Hochsitzes.

Aber beide wollten Jesus sehen. Die Neugier der Natur oder die der Seele drängten sie dazu.

Und dann hören beide den Ruf; Zachäus hört seinen Namen – und Jesus mag ihn öfter, jeweils lauter gerufen haben; die Frau, die ja im Gegensatz zum reichen Oberzöllner niemand kannte, wird einfach nach vorne gerufen und hört das Wort „Frau". Indem Jesus diese zwei Menschen, den „Obersünder" Zachäus und die angeblich von Gott gestrafte alte Frau zu sich ruft, setzt Jesus sich der Ablehnung durch

„die Leute" aus: Der Synagogenvorsteher ist empört, dass die Frau sich am Sabbat heilen lässt, die Menge der Mitläufer in Jericho murrt heftig, dass Jesus bei einem Sünder einkehrt, der es überhaupt nicht verdient hat.

Indem Jesus bei Zachäus einkehrt, verstößt er bewusst gegen die Reinheitsgebote seiner Religion. Beim Prozess gegen Jesus, der eine Woche nach diesem Besuch bei Zachäus stattfinden wird, hören wir nämlich, dass Kajaphas und die Hohepriester nicht in das Gerichtsgebäude des Heiden Pilatus hineingehen, „um nicht unrein" zu werden und das Paschalamm essen zu können (Joh 18,28); Jesus aber geht in das Haus des Sünders Zachäus, natürlich nicht weil er „unrein" werden wollte, sondern damit sein Heil auch den Heiden, den durch sein Verhalten vom Glauben Entfernten, erreiche, der sich von Gott ausgeschlossen dachte. Denn Jesus ist das Paschalamm, das Gott aller Welt schenkt. Er geht überall hin. Und wo er hingeht, wird alles rein.

In der Synagoge verstößt Jesus gegen ein anderes Gebot der Tora, wie es damals offensichtlich galt: Am Sabbat durfte keine Heilung geschehen, weil sie von den religiösen Führern als Arbeit eingestuft war. Aber Gott hatte doch den Sabbat zur Erinnerung an die Befreiung des Volkes aus Ägypten eingerichtet (Deut 5,15) – und Befreiung aus Gefangenschaft ist Arbeit, hochkomplexe Aktion! Hier befreit Jesus eine Frau aus den Händen „Satans"! Eigentlich verhält er sich korrekt nach ältester jüdischer Tradition.

Aber in den Augen der religiösen Oberschicht seiner Zeit ist Jesus ein „Skandalmann" gewesen; er hat keineswegs um die Gunst des Volkes oder der Würdenträger gebuhlt, sondern wollte Gott, seinen Vater, offenbaren, wie der in Wahrheit ist – und dazu hat er Gebote übertreten, Grenzen überschritten, welche Menschen (!) gezogen hatten. Damit setzte er sein Leben aufs Spiel; aber sogar dazu war er gerne bereit, wenn er dadurch auch nur einen Sünder retten und ihm Heil schenken konnte.

Schaut man in dieser Weise auf Jesus und seinen Umgang mit solchen, die als Sünder galten, dann möchte man meinen, dass ihn die jeweilgen Sünden gar nicht interessiert haben. Bei der Samariterin nicht, im Gleichnis der drei Verlorenen nicht, bei Zachäus nicht und bei dieser Frau erst recht nicht. Denn sie hatte gar kein Gebot übertreten. Nein, in der Tat: Gott stellt nicht die Sünde in den Mittelpunkt, sondern das Heil, das er schenken will. Er sucht nicht Sünden im Leben des Menschen, sondern Liebe.

Wird es bei Judas anders sein?

Kehren wir jedoch zunächst noch einmal zurück in die von Männern gefüllte Synagoge: Man muss sich einmal vorstellen, wie die Frau nun, von Jesus gerufen, durch die Mitte der Männer hindurchschreitet, ihren Weg sucht, zitternd und bebend und gebückt ... Wie wäre es, wenn heute eine Frau von einem aufgeschlossenen Imam mitten durch die Männer hindurch nach vorne gerufen würde ..., wissend, dass sie das alles nach Meinung von Menschen nicht darf?

Bei Zachäus findet noch eine Steigerung statt, denn Jesus sagt zu diesem „Obersünder": „Heute muss ich in deinem Haus zu Gast sein!" Klingt hier nicht wieder Abraham an, der die drei Männer bewirtet, die bei ihm Gast sein mussten? Alle Bemühungen von Zachäus, Unrecht freigebig zu erstatten und sich diesen Gast zu „verdienen", scheitern; Jesus geht auf Sünden und Buße nicht ein – wie der barmherzige Vater seinem zurückgekehrten Sohn dessen Vergehen weder vorrechnet noch sie überhaupt hören will oder Buße verlangt –, denn Gott will schenken. Umsonst, ohne Bedingung. Gott verlangt nichts, aber er freut sich über die Einsicht seines Menschen: „Heute ist diesem Haus das Heil geschenkt worden!"

Und wie begründet Jesus sein Schenken? Das nun ist atemberaubend, und zwar bei Zachäus genauso wie bei der gekrümmten Frau. Beide werden von ihm „Sohn/Tochter Abrahams" genannt. Man muss wissen, Abraham galt den Juden als der Vater der Menschheit, von ihm stammten die vielen Völker ab. „Sohn/Tochter Abrahams" bedeutet also in unserer Sprache: Weil auch er/sie – ein Mensch ist! Das reicht Gott, dem wahren.

Man muss nicht zu einer bestimmten Religion gehören, nicht zu einer bestimmten Kirche oder Gemeinschaft, man muss sich nicht als „Gläubiger" ausweisen können oder gar als Heiliger – es reicht, wenn man Mensch ist. Immer, auch als Sünder, ist man Geschöpf Gottes des mütterlichen Vaters aller, der jedem zugewandt ist.

Das ist wunderbar. Das ist unser Glaube.

Und bei Zachäus definiert Jesus noch einmal, wie er Gericht halten wird: „Der Menschensohn ist gekommen, zu suchen und zu retten, was verloren ist." Gericht also nicht als Instrument der Verurteilung, Bestrafung, Verwerfung, sondern als ein Auf-Richten, Zurecht-Richten durch schenkende Zuwendung. Jedes Menschen Leben wird durch dieses „Richten" Gottes „richtig" gemacht, gerettet. Im Gleichnis der drei Verlorenen hat Jesus dieses „Suchen und Retten" in Bildern dargestellt, hier tut er es ganz real.

Dann folgt, wie könnte es anders sein, das Festmahl. Es wird gefeiert! So haben es der gute Vater, der Hirt, die Frau auch gemacht, die ihr Verlorenes wiedergefunden haben (und auch die Samariterin mit ihren Dorfbewohnern). Jetzt ist es der „gottferne" Zachäus (der schon nicht mehr in der Ferne ist, da Gott bei ihm Wohnung genommen hat!), der ein großes Fest feiert. Und wie Jakob seinerzeit sagte: „Wirklich, der Herr ist an diesem Ort, und ich wusste es nicht ... Hier ist nichts anders als das Haus Gottes und die Pforte des Himmels" (Gen 28,14–17), so wird es später auch Zachäus sagen, wenn er an diesen Tag zurückdenkt.

Übrigens, die Tradition der Kirche hat überliefert, dass Zachäus der erste Bischof von Caesarea Maritima geworden sei, der kleine Mann mit großem Bischofshut – und dort hat ihn Lukas wohl getroffen, als er (zwischen 59 und 61) darauf wartete, dass Paulus aus dem Gefängnis herauskäme.

Wo aber ist das Fest der Frau, die nicht mehr gekrümmt ist, die aufrecht dasteht und Jesus in die Augen schaut? Bei ihr hören wir nicht von einem Gastmahl, nur, dass „das ganze Volk sich freute". Hat da keine Feier stattgefunden? Oder steckt nicht in der Freude des Volkes schon der Anfang der Feier? Müssen wir diese Feier, nach allem, was wir gehört und miterlebt haben, nicht selbstverständlich annehmen? Auch wenn sie, natürlich, ganz anders verlaufen musste als bei Zachäus, in großer Armut und Einfachheit. Denn die Frau war auf eine Feier überhaupt nicht eingestellt, in gar keiner Weise vorbereitet. Ja, sie war dazu nicht einmal in der Lage. Wann wohl hatte sie zum letzten Mal eine Feier gegeben? Als gekrümmte vermeintliche Sünderin war sie zur Synagoge gegangen – und jetzt? Natürlich wollte sie feiern, diesen Propheten einladen – aber ach, wie war das peinlich! Ihre Hütte ... Zachäus hatte eine großartige Villa, viele Sklaven und Sklavinnen, reichen goldenen Hausrat ... Sie hatte nichts. Ein paar Fußbreit Boden, einen Hocker, einen Becher und Teller aus Ton, vielleicht mit abgebrochenem Rand ... – wie sollte sie feiern?

Und sie wollte es doch!

Sicher, Lukas hat die Feier der Armen nur entfernt angedeutet, aber man kann sich nicht vorstellen, dass Jesus *nicht* mit der Frau mitgegangen ist! Allein natürlich. Und gewiss hat er diese Hütte der Armut mit dem Glanz des Himmels erfüllt. Und sie werden beide den Tee genossen haben, beide aus einem Becher, wie bei der Samariterin, als wäre der aus Gold und als wäre es der Wein aus Kana, und gelacht werden sie haben, die beiden – und die Frau hat ihn immer nur angesehen ..., ohne Ende angeschaut.

Visio beatifica.

Wie wir es einmal tun werden bei unserer großen Feier am Ende aller Tage.

Judas, der Freund

Jesus hat seinen Apostel Judas, durch den er an die Hohepriester ausgeliefert wurde (Mt 26,24), „Freund" genannt: „Freund, dazu bist du gekommen?" (Mt 26,50). Im Alten Testament wird auch Abraham der „Freund Gottes" genannt. Dürfen wir aus der Parallelität etwas schlussfolgern?

Abraham wird zweimal als „Freund Gottes" erwähnt: In Jes 41,8: „… du Jakob, den ich erwählte, Nachkomme meines Freundes Abraham" (*Khalil Abraham*). Ebenso in 2 Chr 20,7: „Hast du nicht … für alle Zeiten ihr Gebiet den Nachkommen Abrahams, deines Freundes, gegeben?" Im Neuen Testament ist es Jakobus, der an diese Ehrenbezeichnung erinnert: „Abraham vertraute Gott, und das wurde ihm als Gerechtigkeit angerechnet, und er wurde Freund Gottes genannt" (Jak 2,23). „Freund Gottes" ist also der, der Gott vertraut, auch wenn die Wirklichkeit das Vertrauen nicht zu stützen scheint. In Gen 15,6 (der Text, auf den Jakobus sich beruft) ist das Wort „Freund" zwar nicht zu finden, es dürfte in der jüdischen Tradition aber fest verwurzelt sein.

Ist auch Judas Iskariot ein Freund Gottes? Hat er auf seinen Meister vertraut?

Das Hauptwort im Griechischen für „Freund" lautet *„philos"*. So wird Jesus von der Volksmenge der *„philos* der Zöllner und Sünder" (Mt 11,19) genannt. Am häufigsten gebraucht Lukas dieses Wort, er schreibt für das Römische Reich. So nennt er den Mann, der nachts zu Besuch kommt und um Brot bittet, gleich viermal „Freund" (Lk 11,5–8). Als Tausende von Menschen zusammenströmen, um Jesus zu hören, nennt er sie „meine Freunde" (Lk 12,4). Man darf wohl sagen, dass Lukas einen undifferenzierten, unproblematischen Gebrauch des Wortes „Freund" pflegt. Markus verwendet diesen Begriff überhaupt nicht. Johannes erwähnt das Wort Jesu: „Lazarus, unser Freund, schläft" (Joh 11,11). Und zu den Aposteln sagt Jesus (Judas ist in dem Moment nicht mehr dabei, aber ist er nicht eingeschlossen?): „Ich habe euch Freunde genannt" (Joh 15,13–15).

Die Qualität dieses Wortes *philos* erhellt sich auch daraus, dass es für „lieben" verwendet werden kann; hier nur wenige Stellen: „Herr, schau, den du liebst/*phileîs*, der ist krank" (Joh 11,3). Gemeint ist Lazarus. Und im abschließenden Gespräch mit seinem Simon Petrus, der ihn verleugnet hatte, sagt dieser gleich dreimal: „Ja, Herr, du weißt, dass ich dich liebe/*philô*" (Joh 21,15–17). Johannes erwähnt noch ein weiteres Wort für „lieben": *agapáō*, dem wir aber hier nicht nachgehen werden (mit diesem Wort wird die Liebe Jesu zu Marta, Mariam und Lazarus ausgedrückt, vgl. Joh 11,5).

Aber für „Freund" konnte man noch ein zweites Wort verwenden: *hetaîros*. Nur Matthäus gebraucht es: Zweimal in Gleichnissen Jesu: Im Gleichnis von den Arbeitern im Weinberg redet der „Gutsherr" den aggressiven Wortführer damit an: „Freund, ich tue dir kein Unrecht" (Mt 20,13). Und dann endet dieses Gleichnis Jesu mit einer grundsätzlichen Willensbekundung des Gutsherrn/Gottes, dessen schenkende Zuwendung keine Grenzen kennt: „Ich will dem letzten ebenso viel geben wie dir!" Und noch einmal: „Die Letzten werden die Ersten sein."

Im Gleichnis vom Mann ohne hochzeitliches Gewand wird dieser vom König ebenfalls mit „Freund/*hetaîre*" angesprochen (Mt 22,12).

Und mit demselben Wort redet Jesus im Garten Getsemani, bei seiner Gefangennahme, seinen Apostel Judas an: *hetaîre* (Mt 26,50). Die Bedeutung dieses Wortes liegt eher bei „Gefährte", „Genosse", „Kamerad", auch „Freund". Also in der Qualität der Beziehung eher etwas unter „Freund".

Vielleicht dürfen wir, um die feinen Unterschiede wissend, diese hier aber auch zurückstellen und der gewöhnlichen Übersetzung folgen, nach der Jesus zu Judas in Getsemani bei seiner Gefangennahme sagt: „Freund/*hetaîre*, dazu bist du gekommen?" (Mt 26,50). In seiner Wortwahl würde Jesus damit ausdrücken, dass dem Judas noch das volle Vertrauen fehlt, das den Abraham ausgezeichnet hat.

Aber vielleicht war Judas auf dem Weg zu diesem vollen Vertrauen und Freund-Sein?

Die Person des Judas Iskariot nachzuzeichnen, ist einigermaßen schwierig, denn die Angaben der Evangelisten über ihn sind dürftig, gehen weit auseinander und vermischen sich mit Deutungen und persönlichen Vorurteilen.

Hinzu kommt die Tradition der Kirche, die ihn über zwei Jahrtausende hinweg als den Schuldigen am Tod Jesu gebrandmarkt hat: Er hat Jesus verraten! Wenn er das nicht getan hätte, dann hätte Jesus nicht sterben müssen ...

Ist das wirklich so? Woher hat Judas, soweit wir informiert sind, das schlechte Image? Weil er seinen Meister für schändliche 30 Silberlinge verkauft hat?

Schauen wir genau hin. Nach Markus (14,10f) bietet Judas den Hohepriestern zunächst die Auslieferung Jesu an – und danach erst versprechen diese ihm von sich aus dafür Geld. Bei Matthäus allerdings fragt Judas zuerst, wie viel Geld sie ihm geben würden, wenn er ihnen Jesus auslieferte.

Die Anzahl „30 Silberlinge", von der nur Matthäus berichtet, wird im Buch Exodus erwähnt (21,32), es ist der Preis für einen durch ein Rind getöteten Sklaven. Nimmt man diesen Bezug, dann sagen die Hohepriester mit dieser Summe verächtlich, Jesus sei nicht mehr wert als ein toter, rechtloser Sklave.

Im Buch Sacharja (11,12f) ist noch einmal von 30 Silberstücken die Rede; dieser Text könnte aussagen, dass gewisse Leute einen von Gott gesandten guten Hirten für 30 Silberlinge loswerden wollten – dann läge die Schändlichkeit nicht bei Judas, sondern bei „gewissen Leuten".

Matthäus verbindet diese Szene aber noch mit einer weiteren Begebenheit aus den heiligen Schriften, die Jeremia überliefert (18,1–17): Die Hohepriester haben ja, so berichtet er, mit den 30 Silberlingen den Töpferacker gekauft, als Begräbnisstätte für Fremde (Mt 27,6–10). Jeremia hat nun die Arbeit eines Töpfers, der mit seinem Topf immer wieder neu beginnt, wenn er misslungen ist, als Bild genommen, dass Gott das Gute reut, das er seinem Volk zugesagt hatte: „Seht, ich bereite Unheil gegen euch ... Kehrt doch um! ... Mein Volk hat mich vergessen, nichtigen Götzen bringt es Opfer dar ... Ich zeige ihnen den Rücken und nicht das Gesicht am Tag ihres Verderbens." Denn sie wollen ihren eigenen Plänen folgen, und jeder von ihnen will nach dem Trieb seines bösen Herzens handeln.

Mit diesem Hinweis auf Jeremia und den Töpfer verschiebt Matthäus die Schuldursache von Judas weg zu den religiösen Führern.

Dieser Evangelist (erinnern wir uns: Er ist Jude, schreibt für Juden in Judäa) ist anscheinend vom Bemühen durchdrungen, seinen Mit-Apostel Judas in die göttliche Führung der Heilsgeschichte Israels einzubinden (wofür es in der Geschichte Israels und Jesu große Vorbilder gibt): Was immer Judas tat, es geschah innerhalb der Wege Gottes, die dieser immer schon vorhergesehen hatte.

Damit bleibt alles, was geschieht, auch die Auslieferung Jesu, umfangen vom größeren Heilswillen Gottes.

Das trifft noch mehr auf den Begriff „unschuldiges Blut" zu (Mt 27,4):

Als Judas voll entsetzter Reue sagt: Ich habe „unschuldiges Blut" (so das Griechische genau) verraten, erinnert diese Formulierung an eine Stelle in 1 Makk 1,37: „Rings um den Tempel vergossen sie unschuldiges Blut und entweihten die heilige Stätte." Durch diesen Bezug wird Judas' Tun nochmals eingehüllt in die Heilsgeschichte Gottes mit seinem Volk. In Dtn 21,1–9 nämlich ist von einem Ermordeten auf freiem Feld die Rede (wobei unbekannt bleibt, wer ihn umgebracht hat); die Ältesten der Stadt sollen, nachdem einer jungen Kuh das Genick gebrochen wurde, feierlich sagen: „Unsere Hände haben dieses Blut nicht vergossen. Deck es zu, zum Schutz deines Volkes Israel, das du freigekauft hast, Herr, und *lass kein unschuldig vergossenes Blut in der Mitte deines Volkes Israel bleiben* ..." Wenn die Hohepriester mit dem Geld, das sie von Judas bekommen haben, den Acker als Begräbnisplatz für Fremde kaufen, so ist *das* für den Evangelisten Matthäus auf diesem Hintergrund der eigentliche Frevel gegen Gottes Willen: Denn nun verblieb unschuldig vergossenes Blut in der Mitte des Volkes. Die Verantwortlichen verhielten sich nicht so, wie die heiligen Schriften es verlangten. Der Heide Pilatus wird später richtig handeln, wenn er sagt: „Ich bin unschuldig am Blut von diesem" (Mt 27,24).

Beim Evangelisten Matthäus scheint also in seiner Darstellung des Judas sein Bemühen durch, den Mit-Apostel innerhalb der Heilsgeschichte Gottes mit seinem erwählten Volk festzuhalten. Er ist nicht herausgefallen. Der größere Frevel liegt bei anderen.

Ganz anders der Blick auf Judas in der Geschichte der Christenheit: Da begegnet er uns wie gesagt als der Verräter, der schuld am Tod Jesu ist.

Diese Deutung muss man fallen lassen. „Schuld" (im Sinne von Ursache) am Tod Jesu ist niemand anders als Jesus selbst, der „Skandalmann". Er wusste von Anfang an, beginnend mit der Tempelaustreibung bis zum letzten Gleichnis, dass seine Taten und Worte quer zur damaligen Interpretation des Gesetzes des Mose standen, das als Gottes unüberbietbare Offenbarung geglaubt wurde. Der Hohe Rat musste ihn also wegen Gotteslästerung als „des Todes schuldig" (Mk 14,64) erklären. Dreimal ist er geflüchtet, als sie ihn am Straßenrand steinigen wollten, denn er wollte (und als Prophet musste er, vgl. Lk 13,33) in Jerusalem sterben. Er wollte zur gleichen Stunde sein Leben in die Hand des Vaters zurückgeben, zu der die Paschalämmer im Tempel geopfert wurden.

Was also war der Anteil des Judas?

Judas erfüllte den Zeitplan, den Jesus für sich ausgewählt und auf den er alles hindirigiert hatte.

Der Name Judas *Iskariot* deutet an, wie schon gesagt, dass er aus dem Süden Israels stammt, aus dem Dorf Kariot in der Wüste östlich von Hebron. Die grüne Landschaft um den See von Galiläa war für ihn kein heimatliches Gefilde, vielleicht fühlte er sich dort fremd, fremd auch in dem Kreis von Fischern, zu dem die anderen Jünger Jesu überwiegend gehörten. Diesen rieselte Wasser durch die Finger, bei ihm war es Sand. Diese Fremdheit konnte ihn isolieren und zum Einzelgänger machen.

Als Matthäus ihn in der Apostelliste zum ersten Mal nennt, erhält er gleich das Zeichen des Makels: „ ... der ihn verriet" (Mt 10,4). So auch die Evangelisten Markus und Lukas. Diese Bezeichnung war offensichtlich schon früh unlösbar mit Judas verbunden. Johannes bringt keine Apostelliste; aber als er diesen Judas zum ersten Mal erwähnt (Joh 6,70f), heißt es auch bei ihm: „ ... der ihn verraten sollte, einer der Zwölf". Ob der Zusatz „einer der Zwölf" besagen will: Die Zugehörigkeit zu diesem auserwählten Kreis besagt gar nichts; auch uns kann es genauso ergehen wie Judas?

Der Evangelist fügt eine kleine biografische Notiz hinzu: Judas, der Sohn des Simon Iskariot ... Der Vater unseres Judas heißt also, wie sehr viele Männer damals, ebenfalls Simon. Jesus nennt seinen Judas an dieser Stelle einen „*diábolos*", was damals „Lästerer, Verleumder" bedeutete. Ob er jemand war, der durch seine Lästerungen auffiel? Und worüber hat er dann gelästert? Wir wissen es nicht.

Es scheint mir aber nicht sicher, ob die Kennzeichnung „Lästerer" wirklich auf Jesus selbst zurückgeht oder eher auf Johannes; denn im Johannes-Evangelium wird Judas besonders nachteilig dargestellt. Andrerseits soll auch nicht vergessen werden, dass Jesus selbst die Brüder Jakobus und Johannes „Donnersöhne" genannt hat: Die beiden Apostel waren eines Tages höchst erbost über die Ungastlichkeit von Samaritern, als diese der Jesus-Schar kein Nachtlager bereitstellen wollten, weil sie Juden waren auf dem Weg nach Jerusalem. In ihrem Zorn erbaten die Brüder von Jesus die Erlaubnis, „Feuer vom Himmel" fallen zu lassen, das diese Leute vernichte. Jesus verbot es ihnen. Wenn er sie nun „Donnersöhne" nennt (Mk 3,17), so zeigt das, dass Jesus solche mehr oder weniger deftigen, treffenden Bezeichnungen nicht gescheut hat.

In einigen alten Texten ist überliefert, Jesus habe hinzugefügt: „Ihr wisst nicht, was für ein Geist aus euch spricht. Der Menschensohn ist nicht gekommen, um Menschen zu vernichten, sondern um sie zu retten."

Der Spitzname „Donnersöhne" könnte auch auf die Tatsache hinweisen, dass Johannes, der Lieblingsjünger Jesu und spätere Evangelist, eine gute Portion Zorn und Wut in sich trug, ungezügelte und unbeherrschte Triebe: Wen er einmal nicht leiden konnte, der hatte bei ihm zeitlebens keine guten Karten. Das könnte erklären, warum Judas vor allem im Johannes-Evangelium schlecht wegkommt.

Was aber war es, das diesen Judas dazu trieb, Jesus an den Hohen Rat auszuliefern? Ging es wirklich nur um Geld? Denn wiederum ist es nur Johannes, der mitteilt, Judas habe die Kasse der Schar verwaltet und die Einkünfte veruntreut (Joh 12,7). Die Sache kann stimmen, sie kann aber auch von Johannes missgünstig dargestellt sein.

Wenn das Geld aber keine entscheidende Rolle für die Auslieferung gespielt haben sollte, was dann?

Ich möchte als Schlüsselszene jene Begebenheit heranziehen, in der wir hören, wie Jakobus und Johannes – ausgerechnet diese beiden! – heimlich bei Jesus vorsprechen, er möge doch, wenn die Sache mit seinem Reich endlich klappe, für sie die ersten Plätze rechts und links neben ihm reservieren (Mk 10,37). Aufschlussreich ist nun, dass die anderen zehn genauso dachten wie die beiden Brüder; sie waren nur darüber empört, dass die zwei „Donnersöhne" ihnen mit ihrem rücksichtslosen Vordrängeln zuvorgekommen waren.

Dann aber müssen wir schlussfolgern, dass alle zwölf Apostel ohne Ausnahme eine völlig falsche Vorstellung von jenem „Reich Gottes" hatten, das Jesu Hauptanliegen in seiner Verkündigung war; sie dachten immer noch an das

„neue Reich für Israel" (Apg 1,6). Gewiss war ihr Jesus der Messias aus dem Hause David, der „Nazoräer", wie das ganze Land ihn schon nannte, und er hatte alle Macht, die Bösen und die Heiden aus dem Land zu jagen – wenn er doch endlich einmal eine der zahllosen Gelegenheiten nutzen würde, seine Macht zu zeigen und sich als der erwartete Messias zu proklamieren! Aber er ließ die besten Gelegenheiten ungenutzt verstreichen, wie damals am See, als er viele Menschen geheilt und Tausende gespeist hatte und die Leute nun kamen, um ihn zum König auszurufen ... – er schickte barsch alle nach Hause.

Eine weitere Begebenheit dieser Art, die uns Lukas überliefert, muss sich in der letzten Woche Jesu in Jerusalem zugetragen habe (Lk 13,1–9). Zahllose Festpilger sind nach Jerusalem gekommen und in das Heiligtum geströmt (es war das letzte Pascha Jesu, Frühjahr 30), aber galiläische Festpilger samt ihren Opfertieren werden von Pilatus' Tempelwache umgebracht. In der Forschung wird die Historizität eines solchen Vorfalls bezweifelt – aber Flavius Josephus erwähnt ein ähnliches Gemetzel im Tempel bzw. in Samaria, wo ein Galiläer umgebracht wurde (*De bello Judaico* II,13; II,12,3). Daher scheint mir der Bericht bei Lukas durchaus glaubwürdig zu sein.

Was für Judas und die anderen Apostel bezeichnend ist: Sie haben Jesu Reaktion offensichtlich nicht verstanden; angesichts der Ermordung von Landsmännern hätten sie sich gewünscht, dass er endlich seine Zurückhaltung aufgibt und mit aller Macht zurückschlägt und zeigt, dass er der davidische Messias ist. Die Gelegenheit war besser denn je:

Die ganze Stadt war voll von Juden, die nur auf ein Zeichen Jesu zum Aufstand gegen die Römer warteten ... Aber wieder lehnte Jesus ab: Sie wollten ja nur, dass er wie die Römer Macht einsetzte, nur noch größere. Damit bliebe alles in der Spirale der Macht, und am Ende würden alle genauso umkommen.

Wenn nun alle Apostel so gedacht haben, dann war Judas nur einer von vielen. Man könnte auch sagen: Alle Zwölf, die ja bereits das Privileg der Begleitung und Unterstützung des Herrn zuerkannt bekommen hatten, haben ihn und seine Sendung verraten – auf je ihre Weise, in je eigenem Grad. Ob sie auch praktische Konsequenzen zogen und welche, das ist eine andere Frage. Was, so wäre zu klären, hat ausgerechnet Judas dazu getrieben, den eigentlich doch verehrten Meister der feindlichen Partei auszuliefern?

Beachten wir zunächst dieses: Kein Apostel, auch Judas nicht, wollte Jesus verlieren! Im Gegenteil: Sie brauchten ihn! Auch Judas wollte ja einen hohen Posten im neuen Reich Israel haben wie die anderen elf Jünger. Und das ging nur *mit* Jesus. Das zu erkennen und in die Wertung einzubringen, ist sehr wichtig. Keiner der Zwölf wollte den Tod Jesu. Und gewiss waren sie überzeugt, dass der Messias nicht sterben würde – wie die Menge, die ruft: „Wir haben aus dem Gesetz gehört, dass der Messias bis in Ewigkeit bleiben wird" (Joh 12,34). Jesus selbst könnte und würde seinen Tod verhindern!

Wenn Judas, einer der Zwölf, Jesus also den Feinden auslieferte, dann auf keinen Fall zu dem Zweck, dass diese ihn umbringen sollten oder würden! Er muss geradezu felsenfest überzeugt und sicher gewesen sein, dass sein Jesus sich in jedem Fall aus den Händen der Feinde befreien würde.

So sehr vertraute er ihm!

Vielleicht brachte Judas aus der Hitze der Wüste ein anderes Temperament mit als die Fischer vom kühlen galiläischen Meer. Es ist durchaus denkbar, dass in ihm folgender Plan gereift war: Meister, ich werde dich in eine Situation bringen, in der du deine Macht zeigen musst. Unbedingt! Sonst ist es nämlich zu Ende mit dir und deinem „Gottesreich". Dann wirst du mir sagen: Judas, das hast du dir toll ausgedacht. Jetzt werde ich meine Macht zeigen ... Und dann werde ich, Judas, ruhmreich sein, da ich es war, der die Bedingungen geschaffen hat, dass du deine Macht endlich vor aller Welt erweisen konntest ...

Ja, vielleicht kam Judas auf den Plan, ihn an den Hohen Rat zu verraten, damit die ihn gefangen nehmen lassen könnten – und dann, dann würden alle sehen, dass ihr Jesus wirklich der Messias ist.

Gewiss: Wir wissen es nicht. Aber es spricht manches dafür, dass es so gewesen ist.

Matthäus ist der Einzige (außer der Apostelgeschichte), der schildert, was mit Judas geschah, als der erkannte, dass sein Meister ganz anders dachte als er, als alle Apostel, als die Menschen überhaupt. Dass Jesus sich tatsächlich gefangen nehmen und zum Tode verurteilen ließ, dass er auf alle Macht verzichtete ... – das hätte er nie gedacht!

Matthäus berichtet: „Da reute ihn seine Tat" (Mt 27,3).

Judas ist womöglich der Erste, den seine Einstellung, die doch bei allen Aposteln vorhanden war, reute. Der Erste vielleicht neben Mariam von Magdala und der Mutter Jesu, dem aufging, wozu Jesus wirklich Mensch geworden war. Was er damit gemeint hatte, dass Gott seine Sonne aufgehen lässt über Bösen und Guten ...

Jesus war unschuldig ... Und ich bin der Sohn des Verderbens ... Meinetwegen muss er jetzt sterben ...

Kein neues Israel, kein Gottesreich mehr ...

Ich habe Irreversibles getan. Die Situation kann niemand mehr wenden ...

Niemand mehr?

Von seinen Freunden war niemand da, der mit ihm sprach, ihn tröstete und auffing. Erinnerte ihn diese Tat vielleicht an Kain, den ersten Mörder, den Gott allerdings nicht verworfen hatte, sondern dem der Schöpfer selbst ein Zeichen gemacht hatte, um ihn zu retten, auf dass niemand den töte? Weder den Kain noch den Judas ...

Aber für Gott gibt es nichts Irreversibles!

Denn Gott will retten, was verloren ist! Und wer wäre mehr verloren als der, der den Herrn selbst ausgeliefert hat!?

Den geliebten Meister dem Tode ausgeliefert zu haben und jetzt allein zu sein, ohne einen Beistand, das hielt Judas nicht aus. Und nun mag auch noch das Wort Jesu seine volle Kraft entfaltet haben, das er nur wenige Stunden zuvor gehört hatte: „Weh dem Menschen, durch den der Menschensohn verraten wird. Für ihn wäre es besser, wenn er nie geboren wäre ..." Und ich, so wird Judas gedacht haben, habe ihn noch gefragt: „Bin ich es etwa, Rabbi?" Und er hat geantwortet: „Du sagst es" (Mt 26,24f).

„Er ging weg und erhängte sich" (Mt 27,5).

„Für den wäre es besser, wenn er nie geboren wäre." – Was hat man alles aus diesem kurzen Satz herausgehört! Verdammung, ewige Pein, Höllenqualen, nie mehr Erlösung und vieles Ähnliche. Aber nichts von all dem erklingt eindeutig in diesem Wort Jesu.

Könnte dieses Wort nicht ebenso gut auf eine große Pein hin gedeutet werden, auf jenes „wie durch Feuer hindurch" – auf das *Purgatorium* und damit letztlich doch auf Rettung!?

Wir haben auf den vergangenen Seiten den Umgang Jesu mit Sündern erlebt, mit Verlorenen, mit Gottfernen – hat eine einzige dieser Begebenheiten auch nur den Gedanken ermöglicht, dass Jesus auf ewig in „Höllen"-Qualen verwerfen werde? Jesus, dessen Name bedeutet: Gott rettet!?

Er hatte in seinen Taten und Worten das Wesen seines Vaters offenbart, der alle retten will und wird ... – auch den Judas, den letzten aller Menschen?

Vergessen wir zwei Erkenntnisse nicht:

Erstens: Ursächlich für Jesu Tod war nicht Judas, sondern Jesus selber, sein Tun und Reden, in dem er sich über die Tora des Mose hinweggesetzt hatte. Er wusste von vornherein, dass sie ihn deswegen töten mussten, und er war dazu bereit.

Zweitens: Wenn wir eines seiner bekannten Gleichnisse suchten, welches würde auf Judas passen? Wie wäre es mit dem von der verlorenen, toten Drachme? Aus eigenem Antrieb und Willen – sie hat keinen – kann diese nicht zurück; Judas schaffte es mit seiner ins Chaos gestürzten Psyche ebenso wenig, um Erbarmen zu bitten. Keiner war da, der half. Nur Finsternis und Verzweiflung begleiteten ihn; er bereut und bestraft sich zugleich. Er sieht keine Zukunft für sich ...

Nein, seine Zukunft bekommt er *geschenkt*. Wie die verlorene Drachme das Gefunden-Werden geschenkt bekommt. Wie das verlorene Schaf gefunden und nach Hause getragen wird ... – als Geschenk. Aber zu diesem Zeitpunkt weiß Judas das noch nicht.

Ich möchte zur weiteren Klärung der Frage, was mit Judas wohl geschehen sein könnte, zum Gleichnis Jesu von den zwei verlorenen Söhnen zurückkehren. Schauen wir jetzt nur auf den zweiten, den älteren Bruder, und setzen wir diesen in Beziehung zum Gleichnis Jesu vom reichen Prasser und armen Lazarus, das Lukas gleich anschließend erzählt.

Dieser ältere Sohn, der Tag für Tag zuverlässig seine Arbeiten verrichtet, ist aufgebracht über seinen jüngeren Bruder, diesen Faulpelz, der nur zurückzukommen braucht – und gleich eine Riesenfeier bekommt. Der ältere wird zornig. Nun hören wir wieder, wie der Vater reagiert: „Sein Vater kam heraus und redete ihm gut zu" (Lk 15,28).

Wiederum erleben wir, wie Gott sich auf den Weg macht an den Rand, wenn der Mensch keine Wege mehr gehen will oder kann. Und Gott ist nicht zornig wie der Mensch. Nachdem dieser seiner Wut und dem Gefühl, ungerecht behandelt worden zu sein, Luft gemacht hat, sagt der Vater: „Mein Kind/*téknon*" (15,31; das Wort *téknon* kann auch mit „Sohn" wiedergegeben werden). Und jetzt folgen geradezu mystische Worte, die aus den Abschiedsreden Jesu bei

Johannes genommen sein könnten: „Du bist immer bei mir, und alles, was mein ist, ist auch dein. Aber jetzt müssen wir uns doch freuen ..."

Merkwürdigerweise hören wir nicht, wie die Geschichte endet; es ist, als lasse Jesus sie bewusst in der Schwebe, als sollten wir Christen den Ausgang der Parabel selber leben ... Ob der ältere Sohn nun doch hineingehen wird? Und wenn ja, wann wird er es tun? Oder bekommt er sein Festessen draußen? Die Parabel endet mit dem schon bekannten „Wir müssen uns doch freuen und ein Fest feiern" (15,32).

Nur vier Absätze weiter bringt Lukas ein weiteres Gleichnis Jesu: das vom reichen Prasser und vom armen Lazarus (Lk 16,19–31. – Es gibt gute Gründe anzunehmen, dass Jesus der Hauptperson dieser Erzählung einen historischen Namen verliehen hat, das einzige Mal in all seinen Gleichnissen, den seines Freundes Lazarus, des Bruders von Marta und Mariam, der sogenannten Magdalenerin, um ihm, wie der Mariam, ein Denkmal in alle Ewigkeit zu setzen.)

Es ist ein Gleichnis über den *Hades*, das „Fegefeuer", das *Purgatorium*, die „himmlische Reha". Die Geschichte ist bekannt, aber zwei Dinge darin sind kaum oder gar nicht bekannt. Sie sind wunderbar, unfassbar! Nicht zu erklären.

Da ist also ein reicher Materialist, für ihn existiert nur sein Ego, er lebt selbstherrlich und in Freuden, andere Menschen existieren für ihn nicht. Vor seiner Haustür liegt Lazarus, von Geschwüren bedeckt, hungrig, nur die Hunde kommen und lecken an seinen Wunden. Er stirbt, und er kommt in Abrahams Schoß, sozusagen in den Himmel (denn im hebräischen Wort für Schoß klingt das Wort „Barmherzigkeit" mit).

Auch der materialistische Egoist stirbt, und er kommt in den *Hades*, in die Unterwelt (nicht Hölle!). Es ist unser *Purgatorium*. Dass man es durchaus und treffender die „himmlische Reha" nennen darf, werden wir gleich sehen. In dem Feuer (metaphorisch) leidet er große Qual und Schmerzen, und vielleicht denkt er bei sich: Wäre ich doch nie geboren worden ... Könnte Lazarus mir nicht wenigstens etwas Wasser bringen? – Aber Abraham verweigert es ihm.

Und nun passiert etwas Unerhörtes, Wunderbares: Der reiche Egoist bittet dann darum, dass Abraham den Lazarus in das Haus seines Vaters sende, wo noch fünf Brüder lebten, offensichtlich genauso egoistisch eingestellt wie er selbst, sie sollen gewarnt werden, dass nicht auch sie an diesen Ort der Qual kommen ... Was geschieht hier? Der materialistische Egoist denkt zum ersten Mal an andere! Die Qual, die Schmerzen in dieser „Reha" haben seinen Ich-Panzer durchgeschmolzen. Er beginnt, an andere zu denken: Wenigstens diese sollen gewarnt werden, dass nicht auch sie hierherkommen!

Was sagt Jesus uns damit?

Für Gott ist unser Tod nicht die endgültige Linie, bis zu der hin die definitive Entscheidung eines Menschen getroffen sein muss. Nein, Gott arbeitet auch nach dieser Linie weiter für den Menschen. Was dieser im Guten nicht begriffen und getan hat, muss er jetzt unter Qualen und Schmerzen begreifen und tun. Der reiche Egoist landet keineswegs, wie unsere Tradition immer sagte, in der Hölle, ohne jede Erlösung. Keineswegs! Auch er soll gerettet werden – denn das ist das Wesen Gottes, zu retten –, aber „wie durch Feuer hindurch", umgeschmolzen, wenn es im irdischen Leben mit seinen zahlreichen Möglichkeiten versäumt wurde. Auch er soll in der Liebe zunehmen.

Und wie ist nun die Aussage Jesu zu verstehen: „Für den wäre es besser, wenn er nie geboren wäre ...?" Nun ja, die Qualen, die ein Mensch in dieser „Reha" erleidet, lassen ihn so manches Mal denken: Ach hätte ich doch bloß ..., wäre ich doch bloß ..., wenn ich doch bloß nicht .... – dann müsste ich diese Qualen jetzt nicht erleiden!

Aber ohne diese Qualen und Schmerzen gelingt ihm seine Wandlung jetzt nicht mehr.

Ja, auch der reiche Prasser soll gerettet werden, aber „wie durch Feuer hindurch". Und das erste Anzeichen seiner „Neuschöpfung" besteht darin, dass er an seine fünf Brüder denkt ... Ob Jesus uns damit einen Hinweis gibt, wie die Parabel vom zweiten verlorenen Sohn zu Ende gehen könnte? Wie man den älteren, verbockten Bruder doch in den Festsaal hereinbekommen kann? Ob es nicht der jüngere Bruder sein muss, der an seinen älteren denkt und zu ihm hinausgeht?

Ob ich nicht immer wieder hinausgehen muss zu dem, der nicht will, nicht kann?

Und Judas? Ist er wirklich der Einzige, der nicht gerettet werden soll? Zu dem keiner hinausgeht, um ihn in seiner „Reha" zu trösten und zu sagen, dass der Meister durch seinen Tod die Sünden der ganzen Welt getragen hat? Gilt nicht auch für ihn: Du wirst gewandelt und neu geschaffen werden, jedoch durch Qualen und Schmerzen hindurch? Und wenn es keiner aus dem Kreis der Zwölf sein sollte, der zu ihm aus dem Himmel hinabsteigt in das Totenreich, das ihn wandelt – seine Mutter wird es gewiss tun!

Denn da gibt es noch etwas, eine wunderbare Entdeckung. Ein geheimnisvoller Zufall? Jedenfalls etwas, das ich nicht erklären kann.

Als ich vor nicht allzu langer Zeit dieses Gleichnis wieder einmal las, langsam und bedenkend, fiel mir auf einmal auf, dass Abraham zum reichen Egoisten sagte: „Mein Kind" (Lk 16,25). Ich stutzte, das Wort hatte ich doch schon gelesen, das stand doch ebenfalls irgendwo in den Evangelien. Zu wem sagte Jesus dieses Wort auch noch …? Und dann fand ich es sehr schnell: Im Gleichnis von den zwei verlorenen Söhnen, direkt davor, sagt der Vater zum älteren Sohn genau dieses gleiche Wort: „*téknon*/Mein Kind" (15,31). Und hier redet Abraham den im Feuer zu reinigenden Egoisten mit ebendiesem Wort an: „*téknon*/Mein Kind".

Aber noch etwas entdeckte ich: Im Gleichnis der verlorenen Söhne geht der Vater beider Söhne zu seinem bockigen Starrkopf hinaus … Er geht zu ihm hinaus! Ist mit dem Wort „Mein Kind" theologisch-göttlich verbunden, dass Gott dieses Wort nicht sagen kann, ohne zu dem hinzugehen, dem es gilt? Denn bei Gott ergeht sein Wort niemals ohne Tat. Dann dürfen, müssen wir auch im Wort Abrahams an den Egoisten im Feuer der Unterwelt mithören, dass hier eine göttliche Bewegung zu diesem Menschen hin ausgesagt ist! Wenn Gott sagt: „Mein Kind", dann geht er zu diesem Menschen hin. Bis ins Feuer.

Und jetzt die geheimnisvolle Beobachtung: Als ich mir das Gleichnis vom armen Lazarus und dem reichen Prasser anschaute, einfach mit den Augen anschaute, war mir plötzlich, als stände das Wort „Mein Kind" irgendwie in der Mitte. Ja, ziemlich in der Mitte ... Ich lächelte, nun ja ... und tat etwas, was wohl nicht jeder tut: Ich nahm den griechischen Text und zählte, zählte vom Beginn des Gleichnisses bis zum Wort „*téknon*" – es war das 122. griechische Wort. Und dann zählte ich nach diesem Wort bis zum Ende des Gleichnisses – und es waren 122 Wörter ...

„*Téknon*/Mein Kind" steht exakt in der Mitte.

Ich kann das nicht erklären.

Hat Lukas das so arrangiert? Oder Jesus selbst?

Es ist ein Geheimnis. Ein Geheimnis, dass bei Gott der Verlorene in der Mitte steht. Als sein Kind. Dass der Verlorene, Bockige Ziel seiner göttlichen Bewegung ist, bis hinab ins wandelnde Feuer. In der Mitte der Frohen Botschaft vom reinigenden *Purgatorium*, das jede Irreversibilität aufhebt, steht dieses Wort: „Mein Kind". Und indem er es ausspricht, bewegt sich Gott zum Menschen hin, egal wo der steht und was er will.

Und Judas?

Das letzte Wort, das Jesus zu seinem Apostel spricht, lautet: „Mein Freund". Es ist ein ähnliches Wort vertrauter Beziehung wie „Mein Kind". Mit diesem Wort der Zuneigung des Sohnes Gottes stirbt Judas. Sein Leib hängt am Baum, aber seine Seele hängt an diesem Wort liebender Zuwendung: „Mein Freund!"

Und was Gott, der Ewige, einmal gesagt hat, das gilt in alle Ewigkeit. Das gilt auch im Jenseits, im *Purgatorium* wie in der Herrlichkeit. Und wenn Judas dort ankommt zum „Gericht" – und Gericht heißt bei Gott: gerettet werden –, dann hört er als erstes dieses ewige Wort: „Mein Freund", und das wird ihn wandeln, wird alles umkehren. Wie durch Feuer hindurch.

Denn Gott geht zu ihm hinaus und trägt ihn an seinen Platz beim himmlischen Gastmahl.

Vielleicht lässt der himmlische Vater uns Zeit, dass einer von uns hinausgehe und einen Menschen tröste und aufmuntere und ihm sage, dass die Liebe Gottes durch nichts kleinzukriegen ist.

Ja, nicht nur Abraham ist der „Freund Gottes", Gott hat auch den Judas, der seinen Meister dazu drängen wollte, endlich seine Macht zu zeigen, „Freund Gottes" genannt. Damit er erkenne, damit alle Welt erkenne, dass die Macht Gottes in seiner Liebe besteht, die von keinem Tod und keiner noch so großen Schuld – bekenne sich der Sünder hier auf dieser Erde dazu oder auch nicht – aufgehalten wird, in seinem wandelnden Erbarmen, das er auch, ja gerade den Bösen zuteilwerden lässt.

Ich will dem Letzten so viel geben wie dem Ersten!

Das Geheimnis des Guten Hirten von Vézelay

Der Strom 2000-jähriger Tradition hat Millionen von Christen immer wieder mit Katechismus-Sätzen überflutet, dass Jesus „Opfer" ihrer Schuld, ihrer Sünden sei und quasi als „Opfer" für ihre an sich untilgbaren Vergehen gestorben sei, damit Gott dadurch sozusagen „versöhnt" und sein Zorn beschwichtigt wäre.

Man darf sich fragen, wie viele Menschen auf dieser Erde durch eine solche Theologie zutiefst beschämt und darüber vielleicht sogar seelisch krank geworden sind. Völlig gegen Gottes Absichten!

Es ist doch eine Qual, immer wieder mitgeteilt zu bekommen, dass Gott sich für mich geopfert habe. Weil ich so schlecht bin. Weil ich ein Versager bin. Etc., etc. Wenn Gott selbst sich nach dieser Denkweise dann trotzdem für mich zum „Opfer" macht (bzw. wenn es so ausgelegt wird), dann kann das im Menschen eigentlich keine echte Wandlung,

Besucher und Pilger blicken auf das Kapitell des „Guten Hirten von Vézelay"

keine Heilung anbahnen, sondern nur dauerhafte Zermürbung. Genau mit dieser Zermürbungstaktik aber wurden viele Christen aller Jahrhunderte erzogen und in Knechtschaft gehalten. Ein wenig drastisch gesagt: religiöser Psychoterror. Erziehung über die Prinzipien Angst und Schuld. Immer nur die Botschaft: Schäm dich! Nicht zuletzt auch in Formeln wie dem alten Schuldbekenntnis fest zementiert: *Mea culpa, mea culpa, mea maxima culpa ...* – „Meine Schuld, meine Schuld, meine (über)große Schuld".

Dagegen die andere Seite kirchlicher Tradition, jene ganz und gar auf unsere Rettung zielende, wunderbare Formulierung des Exsultet aus der Osternacht: „O glückliche Schuld, welch großen Erlöser hast du gefunden!" – Erlöser! Nicht: Welch großes Opfer hast du gefordert!

Weil die Themen Sünde und Opfer viel zu stark in den Vordergrund gerückt waren, hat sich m. E. bei vielen Gläubigen auch keine echte Glaubensfreude im Sinn einer Freude an Gott entwickeln können. Auch die Religionskritiker vieler Jahrhunderte haben das immer wieder bemängelt: Eine solche Opfer- und Schuld-Theologie *musste* ihnen geradezu den Schluss nahelegen, dass Religion unterdrückt und krank macht. Irgendwie haben sie mit dieser Kritik nicht nur Unrecht.

Denn die entscheidende Botschaft, dass Gott aus freien (!) Stücken liebt, dass er jeden Einzelnen, zumal den Sünder, den Letzten, nach Hause trägt und sich ihm/ihr *persönlich* (!) *hingibt aus Liebe*, diese frohe Botschaft verschwand unter der Sünde- und Schuld-dominierten Theologie fast komplett. Deshalb blieben viele eben doch „Knechte" und wurden nicht „Freunde" ... Das aber ist ja nicht die Botschaft Jesu.

Im Gefolge solch anklagender, verdammender Opfer- und Schuldtheologie hängt Judas in der Kirche St. Lazare in Autun am Strick am Baum herab und harrt der Hölle, in die die beiden Dämonen ihn gleich mitzerren werden.

Aber da gibt es noch jenen anderen Judas, der gerettet wird, vom Guten Hirten höchstpersönlich.

Am Anfang dieses Buches haben wir auf dieses Bild geschaut, auf die Arbeit des unbekannten Steinmetzen von Vézelay vor fast 900 Jahren. Auf dem Kapitell gleich rechts vorne in der Basilika stellt er dar, wie der Gute Hirte den toten Judas auf seinen Schultern nach Hause trägt. Das war schon damals ein theologischer Skandal, denn Judas gehörte natürlich in die Hölle, wie es in der Kirche von St. Lazare in Autun auch dargestellt ist. Aber in Vézelay in der Basilika der heiligen Maria Magdalena hatte ein Künstler heimlich gegen alle Tradition gedacht und auf sein Herz gehört.

Das Ergebnis der Gedanken seines Herzens hat er geradezu versteckt, hoch oben im Dunkel – und bis heute hat niemand sein Geheimnis enthüllt.

Im Gegenteil: Da gibt es ein wunderschönes, offizielles Buch zu dieser Kirche mit ihren zahllosen Kapitellen, alle in Farbe gut wiedergegeben (*Vézelay, une Bible de pierre,* 2010). Und ausgerechnet zu diesem Kapitell bei dieser wunderschönen Darstellung hat man die Überschrift hinzugefügt: *Le suicide de Judas*/Der Selbstmord des Judas ...

Was aber sieht man auf dem Bild? Ist die Hauptaussage nicht das Heimgetragen-Werden des Judas durch seinen Herrn? In der Mitte steht der Gute Hirt, der den toten Judas auf seinen Schultern mit sich trägt! Aber gegen alles, was man sieht und mit Händen greifen kann, heißt es in der steinernen Unbeweglichkeit der traditionellen Diktion: „Der Selbstmord des Judas" …

Doch in der Tat muss man lange hinschauen, um das Besondere zu erkennen, was der Steinmetz hier dargestellt hat. Denn er hat die Gedanken seines Herzens versteckt, und erst unser Jahrhundert kann sie überhaupt erkennen. Und dies auch nur dann, wenn man das Bildnis lange, sehr lange anschaut und meditiert.

Ich habe das Glück, dass dieses Bild in guter Wiedergabe und großem Format in meinem Arbeits- und Wohnzimmer an der Wand hängt und den Raum prägt. Ich kann ständig dorthin schauen und es bedenken. Und immer neu wurden meine Augen angezogen vom Gesicht dieses Hirten …

Bis mir eines Tages etwas in die Augen fiel. Dieses Gesicht des Hirten wirkt wie zweigeteilt. Seine linke Gesichtshälfte, also vom Betrachter aus gesehen die rechte, scheint normal dargestellt zu sein, ja, sie scheint sogar ein sanftes Lächeln wiederzugeben. Aber die untere rechte Gesichtshälfte des Hirten – sie erscheint leblos, flach, wie unbearbeitet, als hätte der Steinmetz vergessen, auch hier seine Kunst zu zeigen. Aber das konnte unmöglich ein „Vergessen" sein, der Mann besaß eine enorme Fähigkeit, Stein zum Leben zu erwecken, wie das die anderen Kapitel und auch dieses zur Genüge zeigen – man blicke nur auf das Gesicht des erhängten Judas gleich daneben. Ein solcher „Fehler" beim Hirten konnte ihm nicht unterlaufen sein.

Und doch sieht die rechte Gesichtshälfte Jesu wie unbearbeitet aus. Vor allem der Mund des Hirten scheint regelrecht halbiert, sein rechter Teil ist anders als der linke geradezu inexistent.

Jesu Gesicht wird durch all dies ernst und wehmütig.

Meine Neugier war erwacht. Einen Fehler, ein Vergessen schloss ich aus. Also wollte der Künstler mit diesem flachen, unvollständigen Gesicht etwas aussagen? Aber was?

Es dauerte noch einmal Wochen. In der Zwischenzeit hatte ich kleine Fotos von diesem Bild erhalten. Mit diesen konnte ich etwas tun, was ich mit dem großen Bild an der Wand nicht hatte tun können – und was durch all die Jahrhunderte niemand, niemand mit dem Kapitell da oben im Dunkel hatte anstellen können: Ich konnte das Bild auf dem Kopf stellen und es gewissermaßen neu betrachten.

Dazu gab es einen klaren Grund. Der Kopf des Judas hing nämlich über die linke Schulter des Hirten herunter. Er stand also „auf dem Kopf". Ich wollte diesen Kopf einmal richtig herum sehen, wie der ausschaute, der tote Judas, und drehte das kleine Foto herum – und bekam fast einen Schreck. Dieses Gesicht des toten Judas, der nach Hause getragen wird, zeigt ein Lächeln. Unverkennbar. Er lächelt! Als sei alles gut ausgegangen. Es ist ein geradezu seliges, sanftes Lächeln, verhalten und doch eindeutig. Wunderbar.

Der tote Judas lächelt! Als sei er nicht tot ..., als sei alles umgedreht worden ...

Felix culpa – selige Schuld. Hier war sie zu sehen!

Als hätte er seinen Meister schon im Gericht der Rettung erlebt und gehört, wie der ihn zum zweiten Mal „Mein Freund" nannte.

Ja, ich will dein Freund sein. In alle Ewigkeit.

Wieder und wieder schaute ich den lächelnden, erlösten Judas an. Oh, tat das gut, ihn so erlöst zu sehen!

Nachdem ich ihn lange genug betrachtet hatte, fiel mir noch etwas auf, etwas ganz Normales, Natürliches:

Da Jesus seinen Judas über der Schulter trägt, rechts die Beine, muss links über seiner Schulter der Kopf herunterhängen. Und das hat zur Folge, dass man nur die rechte Gesichtshälfte des Judas sieht. Die linke verschwindet zwischen Schulter und Arm des Hirten.

Die rechte Gesichtshälfte ...

Für einen Moment wagte ich nicht weiterzudenken ... Das war ja die, die bei Jesus wie unfertig schien. Bei ihm war nur die linke Gesichtshälfte ausgearbeitet, bei Judas nur die rechte ...

Gehörten die zueinander?

Bildeten sie beide zusammen erst das ganze Gesicht?

Und ich erlaubte mir, was frühere Jahrhunderte nicht tun konnten: die sichtbare untere Gesichtshälfte des Judas vorsichtig herauszuschneiden und sie auf die sozusagen „fehlende" untere rechte Gesichtshälfte des guten Hirten zu legen ...

Es ist *ein* Gesicht!

Die Maße stimmen haargenau.

Und jetzt, jetzt *lacht* der gute Hirt!

Jetzt lacht Jesus!

Mithilfe und gemeinsam mit dem – wie es heißt – größten aller Sünder lacht Gott.

Sie, liebe Leserin, lieber Leser, können den Prozess dieser Theologie aus dem Herzen des Steinmetzen anhand der Bilder auf den folgenden Seiten mitverfolgen.

Gott kann erst lachen, wenn auch der letzte und größte aller Sünder mit ihm eins geworden ist. Gott will mit unserem Gesicht lachen, und wir sollen mit dem göttlichen Gesicht lachen. Und wenn Petrus Venerabilis über Abælard an Héloise schreibt, dass er „von Gott als Eurem anderen Selbst in Liebe umfasst" werde, so dürfen wir das auch von Judas aussagen: Umfasse du ihn als mein anderes Selbst.

Es gibt bei Gott keine Verworfenen.

Er trägt sie alle nach Hause und wandelt ihre Tränen in sein Lachen.

Judas, der Freund

Das Geheimnis des Guten Hirten von Vézelay

157

Danksagung

Das Buch wäre nicht entstanden ohne die unermüdliche Sorgfalt meiner Lektorin, Frau Juliane von Magyary. Sie fand das Bild, vergrößerte es, fertigte die kleinen Bildnisse an – und lektorierte meinen Text mit theologischer Intensität und spiritueller Weite.

Ich danke auch meinem Bruder Johannes, der nach Vézelay geradelt ist und dort die gewünschten Aufnahmen gemacht hat. Ebenso Monsieur Jean-Claude Gadreau für seine Fotos. Dank auch dem Verlag Neue Stadt für die Umgestaltung der Fotos.

Ein Buch ist immer das Ergebnis einer vielfachen Zusammenarbeit und das Produkt langen, betrachtenden Hinschauens. Dann kann es für tausendmal mehr Menschen zum Licht werden. Möge dies geschehen.

Literatur

Klauck, Hans-Josef: Judas – ein Jünger des Herrn, Freiburg i. Br. 1987.
Pernoud, Régine: Héloise und Abælard, Paris 1970/München 1994.

Aus dem Programm des Verlags Neue Stadt

Christoph Wrembek SJ
(K)EINE CHANCE FÜR JUDAS?
Wie barmherzig wir Gott denken dürfen
64 Seiten, kartoniert
ISBN 978-3-7346-1304-3

Das inzwischen in viele Sprachen übersetzte Buch »Judas, der Freund« hat eine breite Diskussion ausgelöst. In diesem Bändchen geht der Autor auf Fragen und Anfragen ein: Klärendes und Weiterführendes zur Kernfrage, ob Gott letztlich alle Menschen erlösen wird.

Aus dem Inhalt: Was von Reue und Umkehr bleibt – Die Freiheit des Menschen – Verdammung: ein Glaubensgut? – Die »Hölle« in der Bibel? – Erlösung für alle? – Judas, der »Sohn des Verderbens«? – Wer ist der Hirte von Vézelay?

Christoph Wrembek SJ
DER ENTGRENZTE GOTT
232 Seiten, gebunden
ISBN 978-3-7346-1280-0

Pater Wrembek nimmt mit auf eine Suche, die starre Denkhorizonte aufbricht. Er lenkt neu den Blick auf Jesus, sein Leben, das Kreuz, das leere Grab ... Eine Vergewisserung mit überraschenden Einblicken, die Hoffnung machen. Weil ER, der Entgrenzte, unsere Grenzen sprengt. Über den Tod hinaus.

»Ein anregendes Jesusbuch, das wohl zu den besten der Gegenwart gehört!« (Wiener Kirchenzeitung)

Mehr unter: www.neuestadt.com

Aus dem Programm des Verlags Neue Stadt

Ermes Ronchi
DIE NACKTEN FRAGEN DES EVANGELIUMS
192 Seiten, gebunden, ISBN 978-3-7346-1112-4

Auf Einladung des Papstes hielt Pater Ronchi diese aufsehenerregenden Meditationen vor der Kurie in Rom. Wichtige Themen kommen in den Blick: Wofür brennen wir? Warum und wovor haben wir Angst? Welche Rolle spielen bei uns die Frauen? Worauf richtet sich unser Augenmerk: auf Regeln, auf die Vergangenheit – oder auf den einzelnen Menschen und die Zukunft Gottes? »Eine Hilfe, wieder uns selbst zu finden« (Papst Franziskus).

Annette Schleinzer
MADELEINE DELBRÊL –
PROPHETIN FÜR EINE ERNEUERTE KIRCHE
Impulse für Realisten
248 Seiten, gebunden, ISBN 978-3-7346-1329-6

Für alle, die sich Gedanken machen, wie es mit der Kirche und dem Glauben weitergeht: eine Quelle der Hoffnung und Inspiration in Zeiten des Umbruchs – weil strukturelle Veränderungen allein nicht genügen.

Christian Salenson
DEN BRUNNEN TIEFER GRABEN
Entdeckungen bei Christian de Chergé
160 Seiten, gebunden, ISBN 978-3-7346-1335-7

Eine Kurzbiografie und eine Einführung in die Spiritualität von C. de Chergé: neue Zugänge zu Kernthemen christlicher Existenz: Beten, Zeugnis, Kreuz, Liebe ... Mit dem bewegenden Testament, in dem der Prior der Mönche von Tibhirine seinem möglichen Mörder vorab wünschte: »Möge es uns geschenkt sein, uns als glückliche Schächer im Paradies wiederzusehen.«

Mehr unter: www.neuestadt.com